꿈이 그대를 춤추게 하라

아침편지 고도원의

꿈이 그대를 춤추게 하라

고도원 지음

해냄

머리말

그대 **춤추듯** 살고 있습니까, **뜨겁게** 살고 있습니까?

꿈도 자라납니다. 살아 있는 생물처럼 성장하고 진화합니다. 자란다는 것은 특별한 것입니다. 자라남은 그 안에 생명력이 있음을 뜻합니다. 죽거나 병들어 있으면 자라지 못합니다. 닫혀 있고 미워하면 자라지 못합니다. 스스로 마음과 몸을 가꾸어야 자라납니다.

징기스칸은 '성을 쌓는 자는 망한다'고 했습니다. 유목민이 그 자리에 안주하는 것을 경계한 말입니다. 또다른 꿈으로 이동하지 않고 안이함과 타성에 젖는 것, 오늘의 우리에게도 반드시 경계할 일입니다.

사람이 현실을 떠나 살 수 없습니다. 그러나 현실에만 묻히거나 갇혀 있으면 안 됩니다. 현실 너머의 세계를 바라보며 새로운 꿈이 춤추게 하고, 그 꿈이 현실이 되는 경험을 자꾸자꾸 해야 합니다. 꿈은 영혼이 살아 있음을 드러내는 증표이기 때문입니다.

몸이 굳어지고 생각이 굳어지면 꿈도 사라집니다. 지나간 경험에 안주하지 않고 새로운 감각에 몰두하고, 과거의 시간에 머물지 않고 미래의 시간을 향해 걸어가는 것…… 나이를 잊고 계속 살아가십시오.

꿈이 그대를 춤추게 하십시오.

아름다운 꿈을 꾸고 사는 사람, 무거운 등짐을 메고 구비구비 여울물을 건너는 사람은 무엇보다 몸과 마음이 건강해야 합니다. 청춘의 기억을 넘어 늘 청춘이어야 합니다. 한 걸음 한 걸음 옮기는 발걸음마다 청춘의 기운, 청년의 기백이 넘쳐나야 합니다.

제게는 여전히 '청년의 기백'으로 살아 꿈틀대며 마구 자라나는 꿈들이 있습니다. 그 꿈을 이루어가는 과정을 통해 이 세상에, 특히 미래의 주인공인 젊은 청년들에게 꿈을 안겨주는 꿈의 전도사, 꿈너머꿈의 멘토가 되고 싶습니다. 그래서 이 세상이 한 뼘이라도 더 좋아졌으면 좋겠습니다.

우리 모두 저마다의 등짐에 눌려 주저앉는 일이 없도록 서로 응원하고 격려하며 오래오래 함께 걸어가는 '꿈의 동반자'가 되기를 소망합니다.

그 오랜 바람을 이 책 속에 담아보았습니다. 〈아침편지〉를 통해, 〈깊은산속 옹달샘〉에서의 만남을 통해, 서로의 꿈을 응원하고 아픔을 다독이던 순간들…… 치열한 현실의 한복판에서 오늘에 이르기까지 저에게는 또 하나의 인생 학교였던 그 순간의 배움들을 녹여냈습니다.

지금 잠시 지쳐 있는 이들에게, 삶의 우선순위를 잊고 살아가는 이들에게 이 책이 도움이 되었으면 좋겠습니다. 열심히 내일을 향해 뛰어가는 이들에게는 더운 날 이마에 맺힌 땀방울을 닦아주는 한 줄기 바람이 되었으면 좋겠습니다.

우리는 뭐든지 할 수 있고 무엇이든 다시 시작할 수 있습니다. 가슴 뛰는 꿈이 있고, 마음 나눌 좋은 사람이 곁에 있다면 언제나 청춘처럼 힘이 넘칠 것입니다.

꿈이 그대를 춤추게 하십시오.

2012년 5월
푸르른 생명으로 물드는 〈깊은산속 옹달샘〉에서
고도원 드림

차례

머리말   그대 춤추듯 살고 있습니까, 뜨겁게 살고 있습니까? 5

첫번째 춤 **꿈도 자란다**

좋은 꿈을 찾아서 15

가슴이 뛰어야 한다 19

역사에 남은 '간디와 물레' 사진 한 장 24

'성공의 문'은 언제 열릴까 27

절망의 계곡에서 만난 희망의 시간 29

나의 초등학교 1학년 선생님, 권금순 선생님 32

꿈을 꾸는 사람은 늙지 않는다 37

기회는 섬광처럼 42

작은 일, 궂은일부터 잘하라 46

인생의 목표, 인생의 방향 49

1분만 더! 54

서생적 판단과 상인적 기질 56

기다려야 할 때 59

두번째 춤 좋은 사람을 만나라

'좋은 사람'을 만나는 비결 67

그대는 나의 거울, 나는 그대의 거울 71

지금 말해 주세요 75

눈빛 대화 78

네가 흔들리면 나도 흔들린다 81

믿는 것과 믿어주는 것 84

나와 다를 뿐 88

눈빛, 손, 포옹 인사 92

삶을 함께 꿈꾸는 것 96

스승 같은 친구 101

스승의 자격, 제자의 자격 104

마이클 잭슨과 헬퍼 108

사랑은 촉감으로 시작된다 111

가정은 사랑과 화해를 배우는 곳 114

부부싸움의 규칙 118

세번째 춤 나는 내가 좋다, 나는 네가 좋다

오늘도 많이 웃으세요 125
마음의 근육 128
한순간, 잠깐 멈추기 132
건강해야 하는 세 가지 이유 137
빛나는 그대의 눈빛 141
몸이 말을 걸어올 때 145
가야금의 기러기발, '계속 만져주어라' 148
오래 슬퍼하지 마라 151
슬픔을 삼킨 음악 157
단장의 아픔 160
다시 한 번만 안아볼 수 있다면 164
유쾌한 주파수를 보내라 168
"잠들면 안 돼, 거기 뱀이 있어" 171

네번째 춤 천천히 자연의 품에서 걷기

숲길을 걸으면 시인이 된다 179
바이칼 호수의 에피슈라 181
휴(休) 185
땅 위를 걸어라! 죽어가는 사람도 살아난다 188
아침의 시작 191
그대 '영혼의 나무'가 있나요? 194
껍질째 먹자, 뿌리째 먹자 199

옹달샘 30일 밥상 202
옹달샘 도토리 와플 205
단식과 보식 207
엄마 211
사랑과 행복의 호르몬 214
민들레 꽃씨가 되고 싶다 217

다섯번째 춤　꿈의 영토를 넓혀라, 마음의 영토를 넓혀라

꿈을 가진 사람은 고독하다 223
젊음의 특권 227
나에게 주는 여행 선물 230
〈Dover in August〉를 들으며 233
심리 시간 237
꿈을 키우려면 길을 떠나라 240
리더에서 힐러가 되는 길 244
선다 싱의 교훈 249
한눈에 아는 것 251
꿈과 비전 254
마음으로 섬겨야 한다 259
꿈의 영토, 마음의 영토 263
아름다운 인생 268

첫번째 춤
꿈도 자란다

·····

내 주변에도 예쁜 '꽃나무'들이 많이 있습니다. 세상에 둘도 없는 소중한 꿈들입니다. 그 소중한 꿈에 제때에 물을 주지 않으면 뿌리가 마르고 시들해집니다. 꽃피는 봄, 물주고 영양분을 줘야 할 때입니다. 그래서 저도 물조리개를 들고 '꽃나무'로 다가갑니다.

좋은 꿈을 찾아서

얼마 전 한 대학의 MBA 코스 학생들을 대상으로 특강을 하고 왔다. 강연이 끝나고 며칠 뒤에 한 통의 메일을 받았는데, 강연을 진행했던 교수님이 보낸 것이었다. 반가운 마음으로 열어본 편지 속에는 강연에 참가한 학생들의 가슴 뭉클한 후기가 가득했다. 한 줄 한 줄에서 학생들의 변화가 생생하게 읽혔다.

"강연을 들으며 진정한 나의 꿈은 무엇인가를 고민했다. 쉽게 답이 나오지 않았지만, 이런 고민과 성찰이 진정한 꿈에 한 발짝 더 다가가게 만들 것이다."

"고도원 선생님이 말씀해 주신 '인생의 책'은 전공 서적과 실용 서적밖에 몰랐던 내게 큰 가르침으로 다가왔다."

이런 메시지들을 접하면서 배움의 길에 서 있는 청년들에게, 특히 어려운 현실을 뚫고 가야만 하는 이 시대의 청년들에게 필요한 것은 무엇일까를 곰곰이 생각해 봤다.

1807년, 지금으로부터 200여 년 전 독일의 대학교수 피히테가 베를린 대학에서 강연을 했다. 제목이 그 유명한 '독일 국민에게 고함'이다. 그날의 강연은 오늘 우리 젊은이들에게도 꼭 필요한 메시지가 아닐까 싶다.

19세기 당시 독일은 나폴레옹의 군대가 휩쓸고 지나가 초토화된 상황이었다. 지금 우리나라가 경제위기, 실업 문제 등의 어려움을 이야기하고 있지만 그 당시의 독일은 완전히 폐허 상태였다. 온 나라가 잿더미가 되어 국민 한 사람 한 사람의 삶마저도 극한으로 내몰린 위태로운 상황이었다. 그런 절망 속에서 피히테 교수가 일어섰다.

"절망의 시대에 공장 몇 개 짓고 경제를 세우는 것보다 더 중요한 것이 정신이고 꿈입니다."

피히테 교수의 강연에 담긴 핵심 메시지였다. 정신도 보통 정신이 아니라 '순결한 정신', 꿈도 보통 꿈이 아니라 '좋은 꿈'을 가져야 한다는 것이었다.

그 메시지를 어떤 이들은 애국(愛國)이라고도 하고 애족(愛族)이라고도 표현하겠지만, 가장 핵심은 바로 독일 청년들에게 '꿈을 갖게 하는 것'이었다. 결국 그 정신은 독일이 폐허를 딛고 강대국의 반열에 오르게 만들었다.

'독일 국민에게 고함'은 강연을 넘어 위대한 서사시로 남았다. 그리고 독일 국민의 긍지를 세우는 정신적 유산이 되었다.

또한 '독일 국민에게 고함'은 독일이라는 한 나라를 뛰어넘었다. 어느 나라든 시국이 어려울 때마다 지성들은 그 나라의 애국과 애족을 선창하며, '독일 국민에게 고함'을 중요한 모델로 삼았다. 지금 우리나라도 정치경제 문제가 실타래처럼 뭉쳐 있고, 특히 젊은이들의 꿈이 상실된 시기이기에 피히테의 메시지는 더 절실하게 다가온다.

지금 현실이 어렵지만, 아니 어려울수록 젊은이들은 더 큰 꿈, 더 좋은 꿈을 꾸어야 한다. 젊음의 계절은 때가 차면 끝나는 시한이 있지만 젊음의 꿈에는 시한이 없다. 그러므로 두려움 없이 꿈을 꾸어야 한다.

한 젊은이가 꿈에 대한 질문을 들고 나를 찾아왔다.

"프로그래머가 되어 가상현실을 만드는 것이 꿈입니다. 영화 〈매트릭스〉처럼 또다른 현실을 만들어서, 현실에서 이룰 수 없는 꿈을 가상으로 만들고 싶습니다. 그런데 현실성이 없다는 점이 좀 불안합니다. 레오나르도 다빈치도 비행기를 만들고 싶어 했지만 끝내 만들지 못했잖습니까?"

많은 젊은이가 꿈을 갖고도 '과연 이룰 수 있을까' 하는 두려움 때문에 시작도 하지 못하는 경우가 많다. 그러나 원래 꿈이란 가상에서 시작된다.

  사람들이 빌 게이츠에게 "당신에게 제일 두려운 상대는 누구인가?"라고 물었다. 그러자 빌 게이츠는 이렇게 대답했다.

  "지금 이 시간에도 골방에서 가상을 꿈꾸는 사람이다."

  레오나르도 다빈치가 비행기를 꿈꾼 뒤 그 꿈을 좇아가는 사람들이 생겨났다. 그 꿈을 좇으며 비행기의 틀이 잡혀갔고, 가상이 현실에 적용되며 꿈이 자라났다. 프로그래머가 되어 가상 현실을 만드는 것이 꿈이라면, 지금부터 바로 시작하면 된다.

  꿈은 살아 있는 생물처럼 성장하고 진화하며 형태를 갖춰갈 것이다. 인터넷이라는 가상의 공간에서 만난 〈아침편지〉가 현실에서 만나 함께 여행하며 꿈을 키웠고, 꿈꾸었던 가상의 공간이 〈깊은산속 옹달샘〉이라는 현실로 나타난 것처럼 말이다. 바로 이 모든 것이 남들은 현실성이 없다고 비웃던 꿈에서 비롯되었다.

  지금 바로 좋은 꿈을 찾아 떠나라.

가슴이 뛰어야 한다

'웃음이 없다.'
'눈물이 메말랐다.'
'표정이 어둡고 무섭다.'
'꽃을 보아도 느낌이 없고 아름다운 새소리마저 시끄러운 소음처럼 들린다.'

바로 감정이 메말라가는 징조들이다. 무엇을 해도 설레지 않고 떨림도 열림도 없다. 요즘 지하철에서, 거리에서 흔히 발견할 수 있는 표정이기도 하다.

그렇다면 지금 나의 얼굴 표정은 어떤가. 웃고 있는가? 얼굴에서 빛이 나는가? 가슴은 뛰고 있는가? 혹시라도 매사가 귀찮고 시들시들

한가? 그렇다면 당신의 꿈은 자랄 수가 없다.

청년시절은 더 말할 것도 없다. 가슴이 뛰어야 한다. 그것도 뜨겁게 뛰어야 그 에너지 속에서 꿈이 생겨나고 그 꿈이 자라난다.

요즘 들어 청년들을 만날 기회가 많아졌다. 〈깊은산속 옹달샘〉에서, 〈아침편지〉 여행에서, 강연장에서 만나는 청년들에게 나는 꼭 꿈을 묻는다. 그러면 돌아오는 대답은 상당수가 "없어요"나 "몰라요"이다. 꿈에 대해 대답하는 것을 어색해하고, 겸연쩍어한다. 꿈이 없는 것이다. 꿈을 꾸지 않으니 꿈이 자랄 리도 없다.

많은 젊은이가 이처럼 꿈도 열정도 없이 살아가는 데는 온실에서 성장한 영향이 크다. 부모가 외부환경을 차단하고 "아, 그거 힘들어. 안 돼, 안 돼" 하면서 자녀를 넘치게 보호했기 때문이다. 그러다 보니 자극을 받을 일이 별로 없어 감수성이 부족하고, 변화를 받아들이는 폭도 좁다. 현명한 부모라면 아이들을 들판에 내보내고 고생도 사서 하게 하고 넘어지게도 해야 한다. 그래야 스스로 일어서는 법을 배우는 것이다.

우리의 가슴이 뛰고 호기심으로 눈이 반짝일 때는 과연 언제일까. 꿈이 있을 때 그리고 사랑할 때다. 젊은이들에게 사랑 얘기를 하면 바로 반응이 나타난다. 눈이 반짝이고 시선이 모인다.

남자 여자가 함께 있다면, 더구나 호감을 느낀다면 어떨까. 처지고 무기력해 보이던 사람이 언제 그랬냐는 듯 생기가 돈다. 상대의 몸에 대한 호기심, 마음에 대한 호기심, 그 사람의 됨됨이에 대한 호기심, 이런 것들이 뜨겁게 가슴을 뛰게 하는 것이다. 사랑이야말로 호기심을 일으키고 증폭시키는 중요한 통로다.

그런데 이 사랑마저도 조건을 우선순위로 매기는 이들이 많아졌다. 어느 텔레비전 짝짓기 프로그램에서 발견한 재미있는 이야기가 있다. 남자들의 관심을 전혀 받지 못하던 한 여자가 부유한 집안배경이 알려진 뒤 모든 남자의 구애를 받았다. 그와 반대로 남자가 어떤 직업인지, 어떤 차를 갖고 있는지를 안 뒤에 여자들의 선호도가 달라지기도 했다.

현실이 이렇다 보니 모든 조건을 내려놓고 순수하게 가슴 뛰는 사랑을 하는 청춘이 더 귀하고 아름답게 보이는 것인지도 모른다.

가슴이 뛰지 않는 사랑은 오래 가지 못한다. 일도 꿈도 마찬가지다. 자기가 하는 일에 무궁한 호기심을 가지고 가슴이 뛰어야 한다. 세상에 쉬운 일은 없지만, 자기가 좋아하는 것을 하면 아무리 힘들어도 피곤하지 않다. 심지어 놀이 삼아 할 수도 있다.

흔히 더 많은 월급, 더 높은 지위를 선망해서, 경제적 조건부터 따지는 경우가 많고, 한 번의 실패로 마음이 조급해져서 가슴 뛰는 일을 포기하는 경우도 많다. 그러나 열 번 백 번을 떨어져도 도전의식, 용기, 긍정의 힘을 잃지 않는 것이 중요하다. 그 실패의 과정은 더 나은 미래를 위한 일종의 담금질이기 때문이다.

만약 꿈과 현실 사이에서 선택의 기로에 섰을 때는 자신의 마음을 잘 살펴야 한다. 후회 없는 선택을 하기 위해서다.

호기심!
누군가가 나에게 알려주는 것이 아닙니다.
내가 적극적으로 찾아내고 만들어 가는 것입니다.
모든 것이 호기심의 대상이고 기쁨의 씨앗들입니다.
나이가 들수록, 하는 일이 많아지고 무거울수록
눈이 반짝이는 '호기심 천국' 이 되십시오.
호기심도 안목이 필요합니다.

자신의 마음을 온전히 아는 방법은 두 가지가 있다. 하나는 내가 스스로 관찰자가 되어 나를 바라보는 것이고, 다른 하나는 다른 사람을 통해 나를 비춰보는 것이다.

내 마음을 잘 알면 알수록 문제의 실마리가 술술 풀린다. 바로 내 안에 모든 문제의 열쇠가 있기 때문이다.

쉽게 자신의 마음을 확인하는 좋은 방법이 있다. 무언가를 생각할 때 가슴이 뛰기 시작한다면 바로 그것을 원하고 있음을 알려주는 징표다. 가슴은 결코 속마음을 속이지 못한다. 그래서 '가슴 뛰는 그것'에 답이 있다.

당신은 무엇으로 시간을 채우는가. 무엇으로 가슴을 채우는가.

지금 당신의 가슴을 뛰게 하는 것은 무엇인가.

역사에 남은
'간디와 물레' 사진 한 장

인도가 영국의 식민지였던 시절, 간디는 비폭력 저항운동을 벌였다. 그 가운데 하나가 '영국 공장에서 만든 직물을 사용하지 않고 우리 손으로 직접 만들어서 입자'는 운동이었다. 그래서 간디는 손수 물레를 돌렸고 옷감을 만들어 입었다. 사라져가는 인도의 가내수공업과 전통 농업을 지키기 위해서였다.

미국의 사진작가 마가렛 버크 화이트는 인도 사회와 간디의 정신에 관심을 갖고 있었다. 그래서 '간디와 물레'를 사진의 테마로 잡았는데, 그가 사진을 찍기 전에 한 일이 있었다. 바로 물레질을 배운 것이다. 간디를 깊이 이해하기 위해서는 그가 돌리는 '물레'도 공부해야, 사진에 그 사람의 혼을 담을 수 있다고 생각해서였다.

결국 마가렛 버크 화이트는 스스로 물레질을 배우고 '간디와 물레'라는 사진을 찍었다. 그 사진이 역사에 길이 남는 명작이 되었음은 물론이다.

아무런 공부 없이 찍은 물레 사진과 물레를 손수 배우고 돌려서 찍은 사진은 차원이 다르다. 가령 아이들을 잘 찍으려면 아이들 속에 들어가 함께 놀아야 한다. 숲을 찍으려면 숲속으로 깊이 들어가야 한다. 함께 호흡하고 느껴야 한다. 깊숙이 녹아들어 이 순간이다 싶을 때 셔터를 누르면 그 순간이 예술이 된다.

뮤지컬 사진을 찍을 때도, 그 뮤지컬을 자세히 아는 사람이 찍은 사진과 뮤지컬의 문외한이 찍은 사진은 전혀 다르다. 1년에 한 번씩 떠나는 '몽골에서 말 타기' 사진을 봐도 그 차이를 확연하게 알 수 있다. 아침지기들이 수년간에 걸쳐 말타기를 배워서 찍은 사진과 한 번 여행에 참여해서 찍은 사진은 많이 다르다. 경험의 폭이 다르고, 디테일뿐 아니라 순간포착에서도 차이가 나기 때문이다.

사진을 찍을 때, 셔터만 누른다고 모두 사진이 되는 것은 아니다. 초점을 맞추지 못하고 셔터를 눌러대면 엉터리 사진만 나온다. 또한 초점이 잘 맞아도 어디에 초점을 맞추느냐에 따라 사진은 크게 달라진다. 일도, 삶도 마찬가지다. 초점이 방향을 결정하고, 내용의 질도 달라지게 한다.

'간디'를 이해하기 위해 '물레질'을 배운다는 것은, 사실 매우 어려운 일이다. 사진 속 소품으로만 볼 수도 있는 물레까지 전체로서 이해하고 받아들이는 안목과 프로정신이 없다면 생각조차 하기 어려운 일이다.

    사랑의 대상이든 존경의 대상이든 자신의 비전과 관련된 일이든 어떤 것이어도 좋다. 간디를 찍은 사진작가처럼 시작하기 전에 먼저 공부하고 이해하려는 자세가 중요하다. 그러면 출발부터 남다른 존재감을 드러낼 뿐만 아니라 그 결과도 남다를 수밖에 없다.

'성공의 문'은 언제 열릴까

셰익스피어의 일화 가운데 잘 알려진 것으로, '하인과 양탄자' 이야기가 있다.

셰익스피어가 어느 날 친구의 집을 방문했는데, 마침 친구는 없었고 하인이 대신 맞아주었다. 차를 대접받고 한참을 기다렸지만 친구는 오지 않았다. 셰익스피어는 차를 더 마시려고 부엌으로 갔다가 놀라운 광경을 목격했다. 차를 대접해 주던 하인이 혼자 열심히 양탄자 밑을 닦고 있었던 것이다.

양탄자 밑은 들춰보지 않으면 깨끗한지 지저분한지 알 수 없는 곳이다. 게다가 주인이 없었는데도 그 하인은 열심히 일하고 있었다. 셰익스피어는 그 모습에 깊은 감동을 받았다.

누가 보든 안 보든, 최선을 다한다는 것은 결코 쉬운 일이 아니다. 그러나 그런 것이 몸에 배어 반복하다 보면 언젠가 셰익스피어와 같은 인물의 눈에 띄어 인정을 받게 된다.

남이 보지 않는 곳에서 자기가 맡은 일에 최선을 다하다 보면 '저 사람 괜찮다'는 최고의 평판을 듣게 된다. '저 사람 괜찮다'는 평판은 결코 하루 이틀에 나오는 것이 아니다. 꾸준히 걸어온 발자국의 결과다. 그 사람이 걸어온 대로 보이고, 남긴 발자국대로 읽힌다.

누구나 처음 한 번은 최선을 다하기 쉽다. 몇 차례 정도는 신바람을 내며 열심히 잘할 수도 있다. 그러나 마지막까지 방심하지 않고 꾸준히 최선을 다하기는 어렵다. 어떤 일 하나를 처음부터 마지막까지 한결같은 마음으로 최선을 다해 그것이 몸에 배게 하는 것, 그런 사람을 우리는 '전문가' '장인' '프로'라고 부른다. 남이 보지 않는 곳에서 피땀을 흘리며 노력하는 사람에게만 주어지는 영예로운 칭호이다.

아무리 복잡한 악보라도 한두 번 보면 다 외웠다는 토스카니니의 암기력은 타고난 재능이 아니라 치열한 노력에서 비롯되었다. 타고난 글쟁이 버너드 쇼도 최고의 글을 쓰기 위해 원고를 고치고 고치는 작업을 수없이 했다.

그러한 숨은 노력이 쌓이고 쌓여서 실력이 되고 평판이 될 때, 비로소 성공의 문이 열리기 시작하는 것이다.

절망의 계곡에서 만난
희망의 시간

 헨리 포드가 열두 살 때의 일이다. 어느 늦은 밤, 어머니의 병세가 위독해지자 헨리 포드는 말을 타고 수십 리 길을 달렸다. 천신만고 끝에 의사 선생님을 모셔 왔지만, 어머니는 의사가 도착하기 바로 직전에 숨을 거두고 말았다.
 '조금만 빨리 의사 선생님을 모셔 왔어도······.'
 헨리 포드는 어머니의 죽음이 자신의 탓인 것만 같아 가슴이 찢어지는 듯했다.
 '말보다 더 빠른 것을 타고 갔다면 어머니는 살지 않았을까.'
 그 생각이 떠오르면서 어머니를 잃은 회한으로 고통스러웠던 그의 가슴에 꿈이 싹트기 시작했다. 바로 '말보다 더 빠른 탈것을 만들고 싶다'는 꿈이었다. 그러나 주변 사람들은 그를 비웃었다. 터무니없는 황당한 꿈이라며 혀를 찼다.

헨리 포드가 '말보다 빠른 탈것'을 연구하기 위해 은행 융자를 신청했을 때도 '허황하다'는 이유로 차갑게 거절당했다. 하지만 그는 포기하지 않았고, 마침내 1908년 말보다 빠르고 대중을 위한 자동차를 대량생산하게 되었다.

이처럼 꿈은 행복한 순간에 싹트는 달콤한 환상이 아니다. 오히려 벼랑 끝에서 고통스러운 절망의 시간을 이겨낸 사람만이 그 속에서 발견하는 희망의 불꽃이다.

"쿠바는 생약과 유기농 분야에서 세계 최고의 수준을 자랑하는 나라입니다. 수십 년 간 이어진 미국의 강력한 경제봉쇄로 의약품과 비료가 생존을 위협할 정도로 부족한 상태에서 어쩔 수 없이 선택한 길입니다. 그런 점에서 쿠바는 총체적인 결핍 동기의 나라라고 할 수 있습니다."

정혜신 박사의 『홀가분』에 나오는 이야기다. 부족하고 어려운 조건이 오히려 새로운 도약과 성공의 열쇠가 된 것이다.

굶주림을 겪어본 사람이 배고픈 사람의 사정을 알듯이, 절망을 겪어본 사람이 타인의 절망도 이해할 수 있다. 그리고 그곳에서 희망을 발견할 수 있다.

나 역시 마찬가지다. 젊은 시절 개인적으로 암담한 시간을 겪지 않았다면, 오늘의 나는 존재하지 않았을 것이다. 지금처럼 〈아침편지〉를 쓰고 있다 해도 전혀 다른 글이었을 것이다. 많은 사람들의 마음에 가까이 다가가지 못하고 겉도는 글이 되었을 것이다. 절망을 이겨냈기에, 〈아침편지〉는 희망의 노래이자 영혼을 적시는 물방울이 될 수 있었다. 그 물기를 머금은 희망이 싹을 틔우고, 어느덧 300만 명 마음의 공동체로 자라날 수 있었다. 절망의 계곡에서 만난 희망의 시간이 준 선물이다.

나의 초등학교 1학년 선생님,
권금순 선생님

우리는 저마다 삶 속에서 소중한 비전이나 꿈을 심어주는 사람을 만난다. 어떤 사람에게는 초등학교 1학년 선생님일 수 있고, 5학년 선생님일 수도 있고, 중학교 1학년 때의 담임선생님일 수도 있다. 시기나 대상은 다 다르지만, 인생에 자극을 주고, 새로운 눈을 뜨게 한 사람은 무척이나 귀하고 중요하다. 성장의 기회를 준 것이기에 평생 잊을 수가 없다.

특히 초등학교 1학년은 어린 나이이긴 하지만 세상을 향해 작은 발걸음을 내딛으며 본격적으로 배움의 길에 들어서는 때다. 그리고 그때 만나는 선생님은 인생에서 가장 중요한 영향을 미친다.

누구에게나 초등학교 1학년 선생님이 계실 텐데, 어떤 영향을 받았는지 기억하는가?

1954년 온 나라가 전쟁의 폐허 속에서 신음하던 때 한 달 동안이나 배를 타고 미국으로 건너간 분이 있다. 어린 나이에 무일푼으로 건너가서 온갖 고생을 하면서도 대학에 들어가 박사과정까지 마치고 미국의 정부 기관에서 일했다. 아들딸까지 의학박사로 잘 키워내고, 75세가 되어서야 고향에 돌아왔다.

그분의 이야기를 듣고 많은 사람이 물었다.

"어떻게 그 시절에 미국까지 갈 용기가 있었습니까?"

"'너는 크게 될 놈이야'라고 말씀해 주신 초등학교 1학년 선생님 때문이었습니다. 그 한마디에 용기를 얻어 미군 비행장에 총을 들고 있는 군인한테 가서 말도 걸고 하면서 영어공부를 했습니다. 그러던 어느 날 '미국으로 건너가야겠다'는 생각이 들어서 실행했던 것이지요."

외부로부터 어떤 자극도 받지 못하고, 자기 안으로부터의 분출도 없으면 그만그만하게 살아간다. 어떤 도전도 못 해보고, 용기도 못 내보고, 외국은커녕 동네를 벗어날 생각도 못 해보고 생을 마칠 것이다. 물론 그 삶이 나쁘다고 할 수는 없다. 하지만 우리가 지향하는 삶은 아니지 않은가.

어린 소년의 결단과 인생 역전 뒤에는 초등학교 선생님의 한마디가 있었다. 그 말이 자극이 되고 용기의 원천이 되었다. 나에게도 초등학교 1학년 선생님은 특별한 분이었다. 권금순 선생님, 그분이 오늘의 나를 있게 했다고 해도 과언이 아니다.

나는 도시락을 싸지도, 제대로 된 양말을 신지도 못하고, 하루 20킬로미터, 50리 길을 왕복 두 시간 반씩 모두 다섯 시간 넘게 걸어 학교를 다니던 아이였다.

초등학교 1학년 담임선생님이었던 권금순 선생님은 점심시간이면 선생님 댁에 가서 도시락을 가져오라는 심부름을 시키셨다. 선생님 댁에 도착하면 선생님의 어머님께서 따뜻하고 하얀 쌀밥에 맛있는 반찬을 차려놓고 기다리고 계셨다.

"도원이 왔구나."

눈물 나게 맛있는 밥으로 허기진 배를 채웠다. 교실로 돌아가는 길, 볼록해진 건 배만이 아니었다. 따뜻한 포만감과 행복감으로 가슴까지 부풀어올랐다.

나는 아버지의 영향으로 일찍 한글을 깨우쳤다. 초등학교 3, 4학년 책까지 다 읽고 학교에 들어갔으니 겨우 '기역' '니은' 하던 아이들하고는 차원이 다를 수밖에 없었다. 그래서 반장이 되긴 했는데, 숫기가 없는 학생이었다.

어느 날 반장이다 보니 수업 시간에 책을 읽게 되었다. 한자리에 똑바로 서서 책을 읽는 내게 선생님은 "도원아, 반장은 이렇게 선생님처럼 왔다 갔다 하면서 책을 읽는 거야"라면서 내 등을 밀어주셨다. 그 말씀과 손짓이 내게는 엄청난 전환점이 되었다. 숫기 없던 내게 부족한 통솔력이랄까, 담력을 키워주는 인생의 터닝 포인트가 된 것이다.

선생님께서 어린 소년의 등을 밀어 당당하게 책을 읽게 해주신 덕분에 내가 오늘의 자리에 있다고 믿는다. 그때 주셨던 그 도시락 심부름의 '사랑' 덕분에 가슴을 꽉 채울 수 있었다고 생각한다.

몇 해 전, 모 방송국의 〈TV는 사랑을 싣고〉란 프로에서 출연 제의를 받았다. '일생에 꼭 만나고 싶은 분을 찾아주겠다'는 것이었다. 마음에 그려왔던 초등학교 1, 2학년 담임(2년 동안 담임을 하셨다) 권금순 선생님을 50여 년 만에 만날 수 있는 기회가 온 것이다. 일초의 망설임 없이 "선생님을 찾고 싶습니다"라고 이야기했다.

오랜 수소문 끝에 선생님을 찾았다는 낭보와 함께 80세에 가까운 연세에도 아주 건강하게 계신다는 반가운 소식을 듣게 되었다. 그러나 갑작스런 제작진의 개편으로 TV 출연이 성사되지 못했고, 안타까움과 그리움만 남게 되었다.

그 사이 〈깊은산속 옹달샘〉을 만들어가느라 하루하루 바삐 지내며 시간이 흘렀다. 오매불망 마음속에 담아두기만 한 채. 그러다가 얼마 전 〈깊은산속 링컨학교〉를 시작하면서 선생님과 함께했던 그 시절, 가난하고 어려웠던 시절, 링컨처럼 가난과 배고픔을 이겨내고 책을 벗삼아 꿈만 먹고 살던 그 시절, 나의 멘토였던 큰 스승 권금순 선생님이 다시금 떠올랐고, 몹시 뵙고 싶어졌다.

수소문 끝에 다시 어렵게 선생님의 연락처를 알아낼 수 있었고, 마침 근처 지방 강연을 가게 된 날 50년 만에 그립던 선생님을 다시 만나뵐 수 있었다.

무척이나 아름답고 고우셨던 기억 속의 모습처럼, 작고 단아한 선생님께서 그 모습 그대로 눈앞에 나타나셨다. 어느덧 초로가 된 제자에게 제대로 말씀도 놓지 못하며 행복해 하시는 선생님을 뵙고는 한동안 말을 잇지 못했다.

"너무 늦게 찾아뵈어서 죄송합니다. 이렇게 건강해 주셔서 정말 감사합니다……."

선생님과 함께 옛 추억이 가득한 이리초등학교 교정을 손잡고 거닐었다. 몇십 년의 세월을 거슬러, 도란도란 이야기 나누던 어린 소년과 젊고 아름다운 선생님처럼.

어린 아이의 발걸음으로 왕복 50리 길을, 그래도 개근상을 받고 걸어 다녔던 시절은 오래 참고, 오래 견디며, 어떤 순간에도 주저앉지 않는 강인함을 심어주었다. 그러나 그때 내 등을 밀어주시던 선생님의 손길이, 그 온기가 아니었다면 힘차게 나아가지 못했을지도 모른다.

살아가면서 어느 순간 '정말 끝이구나' 하는 절망에 빠져 잠시 망연히 멈춰서 있을 때면 내 등 뒤에서 선생님의 그 손길이 얼마나 큰 힘이 되고 온기를 주었던지…….

오늘에서야 나의 큰 스승, 작은 거인께 고백한다.

사랑합니다.
감사합니다.
존경합니다.

꿈을 꾸는 사람은 늙지 않는다

"한 사람이 먼저 가고, 걸어가는 사람이 많아지면 그것이 곧 길이 되는 것이다."

2001년 루쉰의 〈고향〉에서 이 구절을 인용할 때만 해도, 〈아침편지〉가 11년 동안 이어져 300만 명의 거대한 마음의 가족이 만들어지리라고는 상상도 못했다. 꿈을 꾸며 내딛은 첫 걸음이 마침내 오늘의 큰 길이 되었다.

오늘은 어떤 꿈을 나눌까, 어떤 희망을 이야기할까, 어떤 위로를 전할까. 깊은 밤 책장을 뒤적이고 영혼의 우물을 길어 올려 마음을 떠우면서, 하루하루 꿈이 자라났다. 독자들의 격려와 응원은 그 꿈을 이루는 소중한 자원이었다.

"아침편지를 만나고 힘을 얻었습니다."

"우울한 하루에 위로를 받습니다."

공감하고 감사하는 마음들을 나누면서 나도 위로받고 함께 꿈을 키워갈 힘을 얻었다. 그래서 나만의 꿈이 아니라 다른 사람과 꿈을 나누고 서로 응원하며 이타적인 삶을 실현할 수 있는 꿈너머꿈까지 자라날 수 있었다. 그렇게 자라난 것이 바로 〈깊은산속 옹달샘〉이다.

마흔아홉 살 명상을 알기 전에는 힘겨운 시간을 오직 '오기' 하나로 버텼다. 오기로도 안 되면 악으로 견뎠다.

'대통령의 이 연설문을 마지막으로 쓰고 죽어도 좋으니 세 시간만 살아 있어다오' 하며 이를 악물고 일하던 시간도 있었다. 바로 그 즈음에 '명상'을 알게 되었다. 명상의 깊은 맛과 효과를 알게 될수록 좀더 일찍 명상을 알았더라면 덜 지치고 덜 흔들리지 않았을까 하는 아쉬움이 있었다.

그러나 그런 후회와 아쉬움은 또다른 꿈을 갖게 했다. 자라는 아이들은 물론 젊은 세대 그리고 나처럼 조금은 늦었다고 생각하기 쉬운 중년과 노년의 사람들에게 '명상'에 대해 알려주고 싶었다. 바로 〈깊은산속 옹달샘〉을 꿈꾸게 된 것이다.

경쟁 시대에 열심히 최선을 다해 사느라 삶에 지친 사람들이 얼마나 많은가. 그들은 '일상을 떠나 단 며칠만이라도 쉬고 싶다'는 절실한 바람을 늘 가슴에 품고 있다. 자연 속에서 몸과 마음을 쉴 수 있다면, 다시 에너지를 얻어 잃었던 꿈, 잊힌 꿈을 찾아 일상으로 돌아갈 수 있다. 그러면 더 생기 있고, 더 밝고 맑게, 더 바른 방향으로 꿈을 향해 갈 수 있다.

그러한 쉼터로서 시작한 〈깊은산속 옹달샘〉이 어느덧 우리나라의 대표적인 명상센터로 자리잡고 있어 기쁘다. 지금뿐 아니라 다음 세대에도 물려줄 수 있는 좋은 유산이 될 수 있도록 더 갈고 닦을 생각이다. 그리고 금수강산 수목원, 깊은산속 링컨학교도 만들어가고, 맨몸으로 산림욕을 하며 '숲명상 숲치유'를 할 수 있는 '맨숲 걷기명상 코스'도 선보일 예정이다. 오랜 소망이자 숙원인 영어 아침편지, 중국어 아침편지, 일본어 아침편지도 꿈꾸고 있다.

사람들은 내게 아직도 그렇게 많은 꿈을 꾸느냐고 하지만, 나의 꿈은 남은 생애 동안 점점 더 자랄 것이라고 믿는다.

"나무가 늙어서도 꽃을 피우고 열매를 맺는 이유는 계속 성장하고 있기 때문이다. 나 역시 나이가 들었지만 매일매일 성장하는 마음으로 살아가고 있다."

노년에도 젊음을 유지하는 비결을 묻는 사람들에게 시인 롱펠로가 들려준 말이다.

꿈을 꾸는 사람은 늙지 않는다. 나무처럼 매일매일 성장하고 가지를 뻗어 나간다.

누군가 첫 발을 내딛고
많은 사람들이 걸어가면 길이 생깁니다.
그 곳이 숲이면 숲길이 되고,
그 길에 꽃을 심으면 꽃길이 됩니다.
어느 날, 좋은 사람들이 만나
마음을 나누며 꿈과 희망을 노래하면
아름다운 도(道), 꿈길이 됩니다.
희망의 길이 됩니다.

기회는 섬광처럼

〈아침편지〉여행에 한 대학생 인턴이 함께 가게 되었다. 통역을 겸한 안내자 역할이었다. 여행 출발에 앞서, 그 학생에게 일러두었다.

"여행에서 통역과 안내자의 역할은 막중하다. 여행 기간 동안 내 주변 반경 1미터 안에 머물러 있어야 한다. 어쩔 수 없이 떨어지더라도 시선이 늘 마주치는 자리에 있어야 되네."

미리 주의 깊게 언질을 주었음에도 여행 중에 계속 시선이 닿지를 않았다. 필요할 때마다 그는 다른 사람과 이야기하고 있거나 시선이 다른 곳에 가 있었다.

처음에는 너그럽게 생각했다. 아직 사회 경험이 없어서, 훈련이 덜 되어서 그런 거라고 생각했다. 그런데 그런 행동이 거듭되니까 마음속으로 포기를 하게 되었다.

여행을 마치는 날, 그를 조용히 불러 옆자리에 앉게 했다.

"이번 여행이 어땠니?"

그런데 내가 기대했던 답은 나오지 않았다. 아무 말 하지 않고 그냥 넘길까 하다가 앞으로 사회생활을 해나가야 할 젊은 친구이니 한 마디 해주는 것이 좋겠다는 생각이 들었다. 게다가 그의 아버지는 이번 여행에서 의미있는 훈련을 받고 왔으면 하는 바람에 나에게도 특별히 부탁을 해두었던 터였다.

"아버지의 부탁 때문에 자네를 데리고 왔는데 사실 실망을 많이 했어. 내가 아무 말 안 하고 자네를 보낼 수도 있지만, 자네 아버지를 생각해서 그리고 이 이야기를 들려주어야 자네에게 도움이 될 거 같아서 이야기를 하는 거네.

내가 학생과 비슷한 나이에 한창기라는 분과 여행을 함께한 적이 있었네. 그분은 당시 《뿌리깊은나무》 잡지사 사장이었고 나는 기자였지. 이젠 고인이 된 그분이 여행 동안 보여주었던 일거수일투족을 나는 지금도 생생히 기억하고 있네.

당시 워낙 존경하던 분을 가까이서 보게 된 만큼 궁금한 것이 무척 많았지. 그분이 어떤 자리에서 무슨 이야기를 하는지, 뭘 좋아하는지, 언제 웃고, 언제 농담하고, 또 어떤 식으로 움직이는지 모두 알고 싶었거든. 그래서 되도록 근처에 머물면서 계속 그분을 주시했네.

하루는 조용한 산길을 오를 때였는데 그분이 갑자기 큰소리를 버럭 지르며 몹시 노하셨어. 산길에 콘크리트를 발라놓은 것을 보고 화가 나서였지.

그런가 하면 그분이 좋아서 어쩔 줄 몰라 하던 모습도 눈에 선하네. 아름다운 찻잔 하나, 잘 닦은 잎차 한 잔에도 소리내어 감탄하고 좋아하던 모습, 시골 골동품 가게에서 찻잔 그릇을 이리저리 둘러보고 아이처럼 좋아하며 황홀해 하던 모습도, 젊은 나로서는 도저히 이해할 수 없는 면모였지. 그런데 세월이 지난 요즈음의 내 모습에서 그분의 모습을 많이 발견하게 되네.

내가 그분에게 견줄 만한 사람이 될지 어떨지는 잘 모르겠네. 그야 어찌되었든 자네는 이번 여행 중에 나를 가장 가까이에서 지켜볼 수 있는 자리에 있었어. 그러나 그 자리를 끝내 지키지 못했지. 내가 자네에게 보여줄 수 있는 것은 아무것도 없었어. 그 점이 안타까워서 이렇게나마 마지막으로 이 이야기를 해주는 거네."

그러자 그 학생의 눈이 휘둥그레졌다.

"제가 생각이 짧았습니다. 앞으로 잘 하겠습니다."

"앞으로 잘 할 기회가 있을지 모르겠네. 이미 시간이 지났구나."

우리가 살다 보면 허송세월을 하는 경우가 종종 있다. 하늘이 내려준 귀한 기회를 제대로 활용하지 못하고 아깝게 흘려보내는 경우가 참 많다. 그러면서 사람들은 이렇게 말하곤 한다.

"미리 귀띔해 줬더라면 안 그랬을 텐데……."

하지만 세상은 미리 귀띔하는 일이 많지 않다. 특히 좋은 사람을 찾고자 할 때는 더욱 그렇다. 미리 귀띔을 해주고 사람을 찾지 않는다. 일일이 시키지 않아도 알아서 잘 하는 사람을 원하기 때문이다. 그래서 어떻게 하는지 지켜보고, 작은 일에도 열심히 하는지, 어떤 눈빛인지를 보고 난 다음에 일을 맡기는 것이다.

그 대표적인 사람들이 아침지기들이다. 나는 절대 미리 귀띔해 주지 않는다. 그래도 그들의 눈에서는 언제나 빛이 난다. 어떤 일이든 긍정적으로 해낼 준비가 되어 있어서다.

기회는 늘 주어지는 것이 아니라 섬광처럼 왔다가 섬광처럼 지나간다. 섬광 같은 순간의 기회를 잡느냐 놓치고 마느냐는 온전히 자신의 선택에 달려 있다.

작은 일, 궂은일부터 잘하라

　서울대 정치학과를 나와 정치부 기자를 꿈꾼 사람이 있었다. 일류 대학에서 정치학을 전공했기 때문에 본인이 마음만 먹으면 당연히 금세 정치부 기자가 될 거라고 생각했다.
　그런데 신문사에서는 그를 처음부터 정치부로 보내지 않았다. 체육부로 보내서 야구 경기를 취재하게 했다. 그 기자는 자신이 꿈꾸던 것과는 너무도 거리가 먼 일을 하다 보니 차츰 불만이 쌓였다. 그래서 야구 취재는 뒷전에 두고 시간이 있을 때마다 정치인을 만나고 다녔다. 그가 과연 정치부 기자로 발령받았을까? 천만에다. 그는 기자 생활조차 오래 하지 못하고 끝내 신문사를 떠나게 되었다.
　한편 똑같이 정치부 지망생이었는데 사회부로 발령받은 기자가 있었다. 원하던 부서는 아니었지만 그 기자는 새벽 3시면 담당 경찰서로 찾아갔다. 형사들마다 모두 '형님'이라 부르며 열심히 취재해 사건 담당 기자 사회에서 특종기자라는 자랑스러운 별명을 얻었다. 능력을 인정받은 그는 마침내 정치부로 옮겨 가서 나중에 정치 전문기자의 자리에까지 오를 수 있었다.

모든 조직은 처음부터 구성원 각자의 꿈을 좇아주지 않는다. 신입사원이 들어오면 윗사람은 신입사원이 어떤 재목인지부터 살펴본다. 그래서 이런저런 시험을 하게 된다.

이때 신입사원이 작은 일에 요리조리 빠져나가면 그 다음 일을 맡기려 들지 않는다. 작은 일, 궂은일을 마다하면 '아, 이 사람은 작은 일을 싫어하니까 더 큰일을 맡겨야겠구나'라고 결코 생각하지 않는다. '이런 작은 일조차도 소홀히 하니 더 큰 일을 맡기기가 어렵겠구나' 하고 생각한다. 그러므로 신입사원으로 들어가서는 일단 주어진 일을 목숨 걸고 해야 한다.

사람의 가치는 가장 궂은일, 가장 작은 일을 어떻게 하는가에서 판가름 난다. 적당히 눈치 보면서 중간만 가면 된다고 생각하는 사람은 늘 그 중간 자리에 머물러 있게 된다. 가장 작은 일이지만 이것만이라도 완벽하게 처리해 놓고 말겠다, 아니 더 완벽하게 할 수 있는 방법을 찾아보겠다는 마음으로 일하는 사람에게 그 다음 큰 일이 주어진다.

그래서 '나는 원래 큰일만 하는 사람이야' '그런 작은 일은 다른 사람이 하는 거야'라는 생각을 갖고 있는 사람에게는 결코 성공의 문이 열리지 않는다.

　일본의 료칸 중에 수십 년째 일본인 선호도 1위를 차지하는 곳이 있다. 그 인기의 핵심은 '한 사람에게 친절을 베풀면 천 명에게 친절을 베푸는 것과 같다'는 투철한 서비스 정신에 있었다. 그런 정신으로 고객 한 사람 한 사람을 정성껏 모신다고 한다. 작은 일에도 정성을 다하고 끊임없이 노력하는 자세가 고객의 마음을 사는 것이다.

　작은 일, 궂은일은 생색이 나지 않는다. 그러나 그런 일에 최선을 다하는 사람은 때가 되면 자신의 가치를 인정받는다. 그리고 반드시 큰일도 맡게 된다.

인생의 목표, 인생의 방향

고속터미널에 부산 가는 버스와 광주 가는 버스가 있었다. 두 버스는 비슷한 시간에 출발해서 비슷한 시간에 도착했다. 그런데 부산에 도착한 버스의 기사가 뜻밖에도 "광주 다 왔습니다"라고 말했다. 승객들이 깜짝 놀랐다. 반대로 광주에 도착한 버스 기사는 거꾸로 "부산에 다 왔습니다"라고 외쳤다. 이쪽 승객들 역시 모두 당황했다. 두 버스 기사가 바뀐 것이다. 이 상황은 실제로 있었던 일이다.

부산에 갈 기사가 광주 버스를 타고, 광주에 갈 기사가 부산 버스를 탔으니, 일은 꼬일 수밖에 없었다. 승객들은 팻말을 정확히 봤는데 기사가 방향을 잘 못 잡아서 엉뚱한 결과를 가져오고 말았다.

『탈무드』에도 비슷한 이야기가 있다. 어떤 사람이 길을 가다가 너무 지쳐서 달구지 같은 걸 보고 반가운 마음에 같이 타고 가면 안 되냐고 물었다. 그러자 달구지 주인이 친절하게 대답했다.

"타십시오."

"예루살렘까지 얼마나 걸리나요?"

"지금 이 속도라면 30분 정도 걸립니다."

나그네는 어느덧 잠이 들었고, 30분쯤 지나 눈을 떴다.

"예루살렘에 다 왔나요?"

"이 속도라면 한 시간 걸립니다."

"아까는 30분이라고 했잖습니까? 30분을 왔는데 왜 다시 한 시간 걸린다고 합니까?"

그러자 달구지 주인이 말했다.

"이 달구지는 예루살렘 반대 방향으로 가는 중입니다."

이 이야기들이 말해 주는 것은 방향이 속도보다 중요하다는 사실이다. 인생의 방향도 마찬가지다. 어떤 목표, 어떤 방향으로 가느냐가 우선이고 속도는 그 다음이다. 꿈이란 자기 인생의 방향이고 가야 할 목표다.

인생의 방향, 꿈의 방향을 잡고 일을 시작할 때 중요한 것이 있다. 바로 첫마음 '초심'이다. 사람들은 의지가 약해지거나 방향에서 벗어날 때 '초심을 잃지 말라'는 말을 하곤 한다.

그런데 이 말을 오해해서는 안 된다. 초심을 잃지 말라는 말은 같은 시간 같은 공간에 고정된 채 무조건 변하지 말라는 뜻이 아니다.

여기에는 지혜로운 해석이 필요하다. 살아가다 보면 변하지 말아야 할 것과 변해야 할 것이 있기 때문이다. 처음 마음먹었던 방향은 요지부동이어야 하지만 그 방향으로 가는 방법들은 계속해서 진화하고 바뀌어야 한다.

세상의 변화 속도는 빠르다. 새로운 문명 트렌드가 생겨나면 초심도 새로운 방식으로 디자인되어야 한다. 그것은 또다른 초심, 즉 진화된 초심으로 발전하는 것이다. 절대 변해서는 안 될 것은 초심에 담긴 정신, 뜻, 방향, 목표 등이다.

〈아침편지〉를 시작할 때의 초심은 소박하고 단순했다. 더도 덜도 말고 사람들에게 '마음의 비타민'이 되어야 한다는 것이었다. 정치적, 상업적인 일이 돼서는 안 되겠다고 다짐했다. 그것이 〈아침편지〉를 시작한 나의 첫마음이었다.

그러나 회원 수가 점차 늘어나 서버나 다른 부대 조건 등이 필요해지면서 현실적인 요구가 생겨났다. 사무실을 열고 직원을 채용해야 했다. 마음의 비타민을 유지하게 하는 시스템이 필요해졌던 것이다. 이 같은 현실적인 요구에 제대로 부응하지 못하면 오히려 소박하고 순수한 마음도, 초심도 사라지게 된다.

초심을 지키기 위해서는 오히려 끊임없이 새롭게 태어나고 부단히 노력해야 한다. 그렇지 않으면 초심은 위협받으며 늘 똑같은 모습으로 세월 따라 점점 낡아가는 집이 되고 만다.

결국 어떤 일을 시작할 때, 왜 이 일을 하는가, 이 일이 왜 필요한

가를 생각하고 다시금 새로운 목표와 방향을 정할 때, 흔들림 없이 지치지 않고 나아갈 수 있다.

티나 산티 플래허티는 『워너비 재키』에서 이렇게 말한다.

"어디로든 가고 싶으면 먼저 자신이 어디로 가고 싶은지부터 알아야 한다. 인생에서 바라는 걸 이루고 싶으면 자신의 소신을 먼저 파악해야 한다는 뜻이다."

누구에게나 자기의 길, 자기가 가야 할 방향이 있다. 우리 인생은 모두 자기만의 길을 찾아가는 여정이다. 그 길을 찾아 자신만의 고유한 삶을 창조해야 한다. 그래서 내가 나답게 되는 것, 이것이 곧 '내게 맞는 삶'을 올바로 사는 길이다.

자기 길을 가기 전에 몇 가지 중요한 수칙을 마음속에 새겨두면 좋다.

첫째, 가고자 하는 방향부터 먼저 정하라. 어디로 갈지 정하지 않으면 이리저리 헤매기 쉽다. 시행착오를 겪는 것도 필요하지만, 인생에서 시간이 그리 많지 않다. 그렇기 때문에 지금 자리에서 가고자 하는 방향부터 생각하고 출발하는 자세가 필요하다.

둘째, '배낭'을 잘 준비하고 떠나라. 배낭에는 꼭 필요한 것만 담는다. 길을 떠날 때 너무 가방이 무거우면 멀리 가기 힘들다. 없어서는 안 될 최소한의 것만 배낭에 넣고, 빠르게 움직일 수 있도록 늘 준비해야 한다. 처음부터 너무 큰 욕심을 내지 말라는 말이다.

셋째, 길이 안 보이면 기다려라. 방향을 정했다 해도 처음부터 일이 생각대로 풀리지는 않는다. 나 자신이 준비가 덜 되어서일 수도 있고, 주변 여건이 덜 익어서 길이 안 보일 수도 있다.

 이럴 때는 잠시 쉬면서 기다리는 것이 좋다. 길이 막혔을 때도 마찬가지다. 때를 기다려라. 그러나 결코 뒷걸음치거나 뒤돌아서지는 말라. 기다리는 시간을 준비의 과정으로 삼으면 반드시 도약할 수 있는 기회가 온다.

1분만 더!

"어깨가 뭉쳤는데 좀 주물러줄래?"

부모가 이렇게 말했을 때, 자녀들의 반응은 다양할 것이다. 얼마나 많이 뭉쳤는지 걱정스런 표정으로 다가오는 자식도 있을 것이고, '또 안마야?' 하며 귀찮다는 표정으로 다가오는 자녀도 있을 것이다.

어쨌든 안마를 시작했다고 치자. 그리고 얼마 지나지 않아, 부모가 "고맙다, 이제 됐다"라고 했을 때도 자녀들의 반응은 다양할 것이다. 어떤 자녀는 기다렸다는 듯이 1초도 안 돼서 손을 떼고 일어나지만, 어떤 자녀는 5분 10분이 지날 때까지 더 주물러준다. 그러면서 "다른 데 불편한 곳은 더 없으시냐"고 묻고, 아픈 곳을 찾아 여기저기 주물러준다. 당신이 부모라면, 어느 자식에게 더 정이 갈까.

부모도 당연히 정성을 기울여주는 자식에게 더 정이 간다. "이제 됐다"고 했음에도 1분이라도 더 손을 주는 자식에게는 미안함과 함께 고마운 마음이 앞선다. 어디 부모와 자식 사이에만 그렇겠는가. 사람 사이에 존재하는 모든 일이 다 그렇다.

안마 이야기가 나왔으니 마사지 숍을 예로 들어보자. 가령 어느 마사지 숍에 한 시간짜리 안마를 예약했는데, 59분에 끝내는 곳은 결국 손님을 잃게 된다. 반대로 한 시간을 예약했는데, 한 시간을 넘겨 단 1분이라도 더 해주려고 하는 곳은 손님이 또다시 찾게 된다. '정성'과 '열정'이라는 마음까지 담아냈으니 그곳에 끌리는 것은 인지상정이다.

직장에서도 성공하는 사람은 다르다. 상사나 동료가 "이제 됐다" 할 때 바로 손을 터는 사람, 퇴근시간이면 칼같이 일어나는 사람은 성공하기 어렵다. 그러나 다른 사람들이 다 훑고 지나간 자리에 한 번 더 가서 점검하는 사람, 1분 더 투자하는 사람, '이제 됐다' 할 때 한 걸음 더 나아가는 사람에게 미래가 있다.

서생적 판단과 상인적 기질

대통령의 연설문 초안을 쓸 때, 그분이 나에게 들려준 말이 있다.

"서생적 판단과 상인적 기질이 있어야 한다."

좋은 연설문을 쓰려면 이상만 가지고는 안 되고, 그 이상이 현실과 조화를 이뤄야 한다는 뜻이다.

'이상만 있고 현실을 모르거나, 너무 현실에만 몰두하고 이상이 없으면 좋은 연설문을 쓸 수 없다.'

이 말과 뜻은 아직도 내 뇌리에 깊이 박혀 큰 교훈으로 남아 있다.

서생적 판단은 일종의 꿈, 이상이라고도 할 수 있다. 책상머리에 앉아서 현실을 전혀 모르더라도 지식, 영감, 상상력 등을 가지고 "좋은 세상을 만들고 싶다"와 같은 목표나 꿈을 세울 수 있다. 그런데 그

것만으로는 절름발이가 된다. 그 꿈을 실제로 이루려면 현실감각이 있어야 하고, 시대적 흐름도 알아야 한다.

현실을 가장 잘 아는 사람이 바로 상인이다. 이들은 1원이라도 남지 않으면 움직이지 않는다. 경우에 따라서는 손해를 보고 움직일 수 있지만 그것은 다음에 더 큰 돈을 벌 수 있다는 계산 아래 투자하는 것이다.

서생(書生)은 '선비'의 다른 말이라 할 수 있다. 서생은 보통 비전이나 꿈, 대의명분을 가지고 움직이려 한다. 그러다 보니 현실을 무시하거나 현실감각이 부족한 경향이 있다. 그들의 꿈은 탁상공론에 그치는 경우가 많다.

그렇다고 현실에 밝은 상인들끼리만 있으면 이 세상은 너무 이해타산적인 곳이 될 것이다. 이익을 우선시하다 보니, 경우에 따라서는 사회 전체에 해를 끼칠 수도 있다. 이윤만을 추구하는 과정에서 다른 사람의 건강, 안전은 생각지도 않는 일이 수없이 일어난다.

서생과 상인의 기질이 결합돼야 그 개인도 사회도 온전하게 발전할 수 있다. 두 기질이 조화를 이루면 현실뿐 아니라 미래까지도 내다볼 수 있게 된다. 시대가 무엇을 원하는지 그 흐름을 제대로 읽을 수 있게 되는 것이다.

우리 모두는 현재에 발을 딛고 살고 있다. 그러나 우리 가운데 누군가는 미래를 바라보아야 한다. 한 사람도 좋고 두 사람, 세 사람이면 더 좋다. 멀리 미래를 보는 사람이 많을수록 그 사회는 희망이 있다. '서생적 판단과 상인적 기질'은 '현실과 미래의 접목'이라는 메시지를 던져준다. 이는 모든 분야에서 일을 도모할 때 꼭 새겨야 할 중요한 어록이다.

기다려야 할 때

여행을 잘 하려면 '시차적응'을 잘 해야 한다. 시차적응이 안 되면 여행 내내 힘들고, 돌아와서도 한동안 고생을 하게 된다. 시차적응은 여행에만 국한되지 않는다. 우리 삶 전반에도 이런 시차적응의 시간이 필요하다.

직장에 갓 들어간 초년병이나, 직장을 옮긴 사람들은 한동안 시차적응의 시간을 보내야 한다. 그동안 살아오던 방식과는 전혀 다른 환경에 들어서기 때문에 얼른 자기 몸을 그 변화에 적응시켜야 한다. 그 적응이 늦으면 본인도 어렵고, 주변의 동료들도 힘들어진다.

기자 사회에서는 부서가 바뀌면 거의 직장이 바뀌는 것과 같은 큰 변화를 겪게 된다. 정치부, 문화부, 체육부, 사회부 각각의 부서들의

빠른 속도, 빠른 성장, 빠른 성공만이
능사는 아닙니다. 하루살이 곤충은 하루만에 자라
하루만에 사라집니다. 거목(巨木)은 백년 천년 더디게
자라지만 마디마디 굳건함과 풍성함이
따를 것이 없습니다.

성격이나 내용들이 전혀 다르기 때문이다. 마치 새로운 직장으로 옮겨 온 사람처럼 시차적응의 시간이 반드시 필요하다.

그럼 어떻게 시차적응을 해야 할까. 가장 좋은 것은 처음 얼마 동안은 '조용히 있는 것'이다. 옮겨 오자마자 너무 아는 척을 하거나 너무 앞에 나서게 되면 기존 구성원들의 비웃음을 사기 쉽다. 새로운 문화와 질서에 몸이 익고 입이 떨어지기 시작할 때 나서는 것이 좋다.

성공하는 기자들은 부서 이동이 있을 경우 최소한 6개월 동안 침묵하면서 일단 상황을 조용히 지켜본다. 그 부서의 선임 기자들이 어떻게 움직이고 어떻게 대처하는지를 지켜보면서 자연스레 분위기를 익히는 것이다. 가벼운 농담조차도 사회부와 문화부, 문화부와 정치부 기자는 다르다. 그래서 시차 적응이 된 다음에 몸을 움직이고 입을 열어야 그 부서 문화에 맞는 적절한 말이 나와서 실수를 하지 않게 된다. 말하자면 기다릴 줄 알아야 하는 것이다. 얼마 동안의 기다림, 그것이 시차적응의 한 비결이다.

『감옥으로부터의 사색』에서 신영복 교수는 이렇게 말했다.

"기다림은 더 많은 것을 견디게 하고, 더 먼 것을 보게 하고, 캄캄한 어둠 속에서도 빛나는 눈을 갖게 합니다. 기다린다는 것은 모든 것을 참고 견디게 하고, 생각을 골똘히 갖게 할 뿐 아니라, 무엇보다 자기의 자리 하나 굳건히 지키게 해주는 옹이같이 단단한 마음입니다."

대부분의 사람은 빨리 적응하고 빨리 좋아지기를 바란다. 그러나 빨리 좋아지는 것이 언제나 바람직한 것은 아니다. 오히려 더 나쁜 결과를 낳고 화를 불러올 수도 있다. 조급함을 내려놓고 좀더 천천히, 느리게 가는 참을성과 기다림도 중요하다. 기다리고 참으면서 꿈이 단단히 영글어간다. 사랑도 더욱 성숙해 간다.

숲속 밤톨 하나도 제대로 무르익을 때까지는 알맞은 시간이 필요하다. 익기 전에 따면 설익어서 먹지도 못하고 버리게 된다. 묵묵히 기다리고 견딜 줄 알아야 토실한 밤톨을 얻을 수 있다.

내 주변에도 예쁜 '꽃나무'들이 많이 있습니다.
세상에 둘도 없는 소중한 꿈들입니다.
그 소중한 꿈에 제때에 물을 주지 않으면
뿌리가 마르고 시들해집니다.
꽃피는 봄, 물주고 영양분을 줘야 할 때입니다.
그래서 저도 물조리개를 들고 '꽃나무'로 다가갑니다.

두번째 춤

좋은 사람을 만나라

....

영혼으로 통하는 소울메이트 한 사람 만나기가 쉽지 않습니다. 간절히 원한다고 만나지는 것도 아닙니다. 열심히, 맑게, 진실되게 살아온 사람에게 주어지는 귀한 선물입니다. 다시 없는 일생의 행운입니다.

'좋은 사람'을 만나는 비결

"사람이 온다는 것은 엄청난 일이다. 왜냐면 그 사람의 일생이 오기 때문이다."

한여름 날 강연하러 가는 길에 광화문 큰 빌딩에서 보았던 정현종 시인의 이 시구가 아직도 내 머릿속에 남아 있다. 연애든, 우정이든, 결혼이든 누군가가 나에게, 내 인생에 온다는 것은 '어마어마한' 사건이다. 그렇다면 과연 어떤 사람이 나에게 다가와야 하는 것일까. '좋은 사람'이 와야 한다.

언젠가 두 아침지기의 결혼을 계기로 '좋은 사람'에 대한 〈아침편지〉를 쓴 적이 있다. 같은 길을 걷는 두 사람이 삶의 동반자가 되었으니 누구보다 기쁜 마음이었다. 일과 사랑을 함께하며 서로 이해하고 격려하는 부부. 서로에게 더할 나위 없이 좋은 사람일 것이다. 두 사람의 만남과 결혼을 보면서, 내게는 어떤 사람이 좋은 사람인가를 생각하게 되었다.

나에게 '좋은 사람'이란 어깨에 기대어 울 수 있는 사람이다.

세상은 바쁘게 돌아가고 어깨에 짊어진 짐도 늘 무겁다. 누구에게나 어느 한순간 한꺼번에 무너질 듯 지치고 약해지는 시간이 왜 없겠는가. 아프고 슬프고 외로운 순간이 왜 없겠는가. 그렇다고 그 자리에 주저앉아 마냥 울음을 터뜨릴 수는 없다.

그 때문에 많은 사람들이 애써 눈물을 참는다. 하지만 눈물에는 사람의 몸과 마음을 치유해 주는 힘이 있다. 지칠 때, 길이 보이지 않을 때, 상처받았을 때 눈물을 흘리고 나면 오히려 맺혔던 마음이 풀리고 영혼이 정화된다. 그리고 앞으로 더 나아갈 힘을 얻는다.

그런 내밀한 순간을 망설임 없이, 부담감 없이 함께할 수 있는 사람이라면 진정 소중한 존재일 것이다.

특히 잘 울지 못하는 존재가 바로 남자다. 이 땅의 남자들은 남이 보지 않는 곳에서조차 잘 울지 못한다. 어릴 때부터 울면 사내가 아니라는 교육을 받은 탓이다.

바이칼 명상 여행 때의 일이다. 겨울 바이칼 호수를 뒤로 하고 귀국 준비를 하게 되었다. 일행들이 시베리아에서 몽골 울란바토르로 돌아와 비행기를 타기 전 잠시 휴식공간에 모여 쉬고 있었다.

그때 오랜 여행의 피로가 쌓인 탓에 한 목사님께서 몸이 별로 좋지 않았다. 그러자 〈깊은산속 옹달샘〉에서 향기명상 프로그램을 진행하는 김윤탁 박사가 그분의 손과 머리를 부드럽게 만져드렸다. 한 곳 한 곳 사랑과 정성이 담긴 손길이었다.

그런데 잠시 후 목사님이 오열을 터트렸다. 가슴속에서 맺혀 있던 무언가가 터져 나오듯 격렬한 울음이었다. 주위에 있던 사람들은 무슨 일인가 하고 크게 놀랐다. 하지만 나는 그 눈물의 의미를 이해할 수 있었다. 남자로 산다는 것, 이 시대의 책임 있는 목회자로 살아가는 삶의 무게와 고단함을 이해할 수 있었기 때문이다. 그 고단하고 긴장된 삶에서 맺혀 있던 것들이 따뜻한 사랑의 손길에 녹으며, 왈칵 눈물로 터져 나온 것이다.

"제 평생에 이런 눈물을 처음 흘렸습니다. 어떤 힘이 있기에 이렇게 눈물을 흘렸는지 모르겠네요."

남자는 울어서는 안 된다는 사회적 통념을 깨고 가슴 깊이 쌓여 있던 찌꺼기를 모두 털어내서일까. 목사님의 목소리는 한결 가벼웠다. 마치 잠들기 전 토닥토닥 다독이던 어머니의 손길을 받은 듯 아주 편안해 보이기도 했다.

아프고 힘들 때 언제든 기대어 울 수 있는 그런 사람이 곁에 있다면, 고단한 세상살이도 그리 힘겹지만은 않을 것이다. 우리는 그런 사람을 가리켜 '치유자'라 부른다.

치유자는 단지 몸을 치료하는 범주를 뛰어 넘는다. 치유자는 칼을 대지 않고 병을 고치고 마음을 보듬는다. 인생에서 경계선을 넘지 않도록 돕고, 설사 넘었더라도 생각의 방향, 삶의 방향을 바꿔 잘못된 습관을 고치도록 도와주는 것이다.

　이렇듯 좋은 사람을 만나려면 내가 먼저 좋은 사람이 되어야 한다. 누군가의 어깨에 기대어 울 수 있는 사람을 만나려면, 나 또한 누군가가 내 어깨에 기대어 울 수 있는 사람이 되어야 한다. 내가 가는 인생길에 좋은 치유자를 만나고 싶다면 누군가의 좋은 치유자가 될 수 있도록 자신을 열어야 한다.

그대는 나의 거울, 나는 그대의 거울

〈깊은산속 옹달샘〉에서 숲속음악회가 열린 날이었다. 그 깊은 산속에 만 명이 넘는 사람들이 운집해 멋진 음악회를 가졌다. 점심시간이 되자 삼삼오오 모여 각자가 준비해 온 도시락을 먹으며 즐거운 대화를 나누었다.

나도 사람들 사이에 끼어 점심을 함께 먹다가 사람들에게 인사를 다녔다. 음식을 권하는 분을 만나 맛있게 음식을 받아먹은 후, 혹시라도 이 사이에 고춧가루 같은 게 끼어 있을지 몰라 그분에게 바로 잇몸을 보여주며 "나 괜찮아요?"라고 물었다. 그 분도 유쾌하게 웃으며 "깨끗하세요"라고 답해 주었다.

그분이 나중에 〈아침편지〉 게시판에 "스스럼없이 오셔서 음식도

드시고, 정말 소탈하게 잇몸을 보여주며 물어보셔서 감동했다"는 글을 남겼다.

사실 입속을 보인다는 게 흉이 될 수도 있지만, 어떤 사람에게는 마음을 여는 감동의 순간이 되기도 한다. 거리감 없이 대한다는 느낌 때문이었을 것이다.

〈아침편지〉 가족이기에 입속을 드러낸 것처럼, 사랑하는 사람에게만은 자신의 부끄러운 부분을 다 드러낼 수 있다. 사랑하는 사람은 가장 좋은 거울이다.

또한 사랑하는 사람에게 "나 어때?"라고 물었을 때, 사랑의 눈으로 바라보며, 사랑하는 마음으로 답해 주는 말이 최고의 거울이 되기도 한다.

"참 좋아요."

"훌륭해요."

"아주 멋져요."

사랑하는 사람에게 그 말을 들었을 때, 거울 속의 얼굴은 얼마나 행복해 보이겠는가.

영화 〈빠삐용〉에 나오는 장면인데, 감옥에 갇힌 한 늙은 동료 죄수가 작은 식구통 구멍으로 얼굴을 내밀고 빠삐용에게 물었다.

"내 얼굴 어떻소?"

그때 빠삐용이 이렇게 말한다.

"좋아 보여요."

사실 노인의 얼굴은 저승사자처럼 죽어가는 모습이었는데도 빠삐용은 그렇게 말해 주었다. 그 말을 듣고 동료 죄수가 안도하던 장면이 지금도 기억난다.

그러나 빠삐용과 달리 "지금 네 얼굴은 형편없어"라고 말하는 사람도 있을 것이다. 그것을 솔직함이라고 여길지 모르지만, 가슴은 차가운 사람이다.

거울은 있는 그대로 비추는 것이지만, 따뜻한 마음의 거울이 되어야 할 때도 있다.

내가 믿고 따랐던 한신교회의 고(故) 이중표 목사님은 췌장암 수술을 받고 병원에서 오랫동안 투병생활을 하셨다. 중환자실에 계시는 동안 아무도 면회를 허락하지 않았다. 친아들처럼 여긴 나만 이따금 병문안을 할 수 있는 정도였다.

그분이 다른 사람의 면회를 허락하지 않으셨던 것은 본인의 얼굴을 드러내기 싫어서였다. 목사로서 얼굴에 검은 죽음의 그림자가 드리워진 모습을 사람들에게 보이는 것이 싫었기 때문이다. 병실에서 늘 거울을 가까이 하고 수시로 들여다보며 어떻게든 얼굴을 환하게 만들고 싶어 하셨다.

하루는 내가 병문안을 갔을 때 "내 얼굴이 어떠냐"라고 물으셨다. 그 순간 참 가슴이 아팠다. 사실은 아니었지만 "오늘 참 좋으십니다"라고 대답했다. 그 말 한마디에 그분은 "아, 그래" 하면서 금세 얼굴이 밝아졌다. 좋아하시는 얼굴빛을 보면서, 마음이 아프기도 하고 그렇게 말하길 잘했다는 생각이 들기도 했다.

사랑은 상대의 물음에 항상 긍정적으로 대답하는 것이 아닐까. 좋지 않을 때도 "좋아지고 있다"라고 얘기하는 것이다.

"나 어때요?"

"좋아요."

"아름다워요."

"더 예뻐진 거 같아요."

이처럼 상대를 빛나게 해주는 것이 좋은 거울이라 믿는다. 긍정의 힘으로 상대를 더 좋아지게 만드는 거울. 나는 그런 거울이 되고 싶다. 적어도 힘든 고갯마루를 넘어가는 사람에게 등을 밀어주는 기분 좋은 바람이라도 되어주고 싶다.

지금 말해 주세요

우리는 많은 사람을 만나고 또 스쳐 지나간다. 그러다 어느 날 운명처럼 두 눈이 번쩍 뜨이며 가슴이 흔들리는 사람, 자신의 배우자를 만나게 된다. 하지만 그렇게 운명처럼 다가온 사랑을 놓치고 후회하는 사람이 의외로 많다. 왜일까.

"배우자를 선택하는 것은 그대 자신의 직감이다. 수많은 사람을 만났지만 다른 사람에게서 한 번도 느껴보지 못한 느낌을 받게 된다. 그 느낌이 너무나 확실하고 절대적이라 의심의 여지조차 없다."

오쇼 라즈니쉬의 말이다.

배우자와의 만남은 '절대적 느낌'이 주는 하늘의 선물이다. 그 무엇과도 견줄 수 없는 단 한 번의 확실한 느낌. 배우자는 망설임의 대상도, 비교의 대상도 아니다. 망설이고 의심하는 순간 절대적 느낌은 깨져버리고, 비교하는 순간 비극이 시작된다.

철학자 칸트는 평생 독신으로 살았다. 하지만 그에게도 사랑하는 여자가 있었다. 그러나 칸트는 사랑하는 여인을 만나면서도 사랑을 적극적으로 표현하고 고백하기보다 혼자서 '사랑' '결혼'에 대한 질문을 멈추지 않았다.

'왜 이 사람에게 끌리는 걸까? 사랑인가?'
'대체 사랑이란 무엇인가?'

고민이 많아지고 생각이 깊어질수록 사랑이란 감정은 혼란스럽기만 했다. 도무지 철학적으로 설명하기가 힘들었다. 그처럼 생각 많은 남자를 지켜보는 여자의 마음은 점점 타들어갔다. 좀체 사랑을 고백하지 않는 칸트에게 여자는 용기를 냈다.

"당신과 함께 있으면 마음이 행복해져요. 난 당신을 사랑하고 있는 게 분명해요. 당신도 날 사랑하나요? 사랑한다면 지금, 말해 주세요."

칸트는 여자의 고백에 가슴이 벅찼지만 아무런 대답도 할 수 없었다. 자신의 감정이 사랑인지, 이 여인과 과연 결혼을 하고 싶어 하는지 생각이 정리되지 않았기 때문이다.

칸트는 다시 사랑과 결혼의 철학적 의미를 고민하기 시작했다. 그리고 마침내 그녀와 미래를 함께하기로 결론을 내렸다. 칸트는 여자의 집을 찾아가 문을 두드렸다. 그녀와 함께할 미래를 생각하고 미소

짓던 칸트는 충격적인 소식을 들었다. 그녀는 이미 다른 남자의 아내가 되어 있었던 것이다.

사랑이 떠난 빈자리는 그 누구로도 채울 길이 없었다. 그는 끝내 평생 독신으로 살 수밖에 없었다.

우리는 이런저런 이유로 사랑을 놓친다. 감정에 솔직하기보다 이성으로 판단하려 들 때, 사랑은 꽃을 피우지 못한다.

'이 사람이 진정한 내 운명일까?'

'그 사람의 조건이 내 인생에 걸림돌이 되지 않을까?'

망설이고 이것저것 재며 판단하는 사이 사랑은 더 이상 기다리지 못하고 떠나간다.

사랑도 때가 있다. 그때를 놓치면 빗줄기처럼 지나가버리고 다시는 제자리에 돌아오지 않는다. 그리고 남는 것은 회한과 후회, 텅 빈 마음뿐이다.

사랑에는 내일이 없다. 사랑하는 것, 용서하는 것, 가슴이 시키는 일을 미뤄서는 안 된다. 바로 지금 해야 한다. 내일이 아니라 오늘, 아니 지금, 당신 가슴에 담긴 그 사람에게 사랑을 고백하라.

눈빛 대화

'대화'라고 하면, 흔히 언어 소통만을 생각한다. 하지만 언어보다 더 큰 소통의 도구가 있다. 바로 몸이다. 우리는 독일어, 영어를 잘 못해도 해외여행을 다닐 수 있다. 그럴 때 무엇으로 소통하는가. 손짓, 발짓, 즉 보디 랭귀지로 충분히 의사소통을 할 수 있다.

그보다 더 근원적인 힘을 가진 대화의 도구가 있다. 바로 눈이다. 손짓도 필요 없고 발짓도 필요 없다. 눈빛 하나만으로 대화를 하는데, 이 경지는 쉽게 도달할 수 없다. 같은 공간에서 오랫동안 진정성을 가지고 소통하다 보면 어느 순간 눈빛 하나만으로도 모든 대화가 이뤄진다.

그러한 무언의 대화를 어느 재즈 연주회에서 발견한 적이 있다.

이날 연주회의 주인공은 재즈 피아니스트 남경윤이었다. 그는 중학교 2학년 때 미국으로 건너가 유학 생활의 외로움을 음악으로 달랬다고 한다. 그러면서 자연스레 원래 전공이던 전자공학이 아닌 재즈 피아니스트의 길을 걷게 되었다.

이날 연주회는 남경윤의 피아노와 더불어 콘트라베이스, 드럼이 세션으로 함께 했는데, 베이시스트는 독일 사람, 드러머는 미국 사람이었다. 한참 멋진 연주에 빠져 있다가 우연히 세 사람이 눈빛으로 이야기하는 것을 보게 되었다. 눈빛 하나로 준비하라는 뜻을 전하기도 하고 눈빛 하나로 멈추라는 신호를 보내기도 했다.

재즈는 악보 없이도 연주할 수 있는 자유롭고 즉흥적인 음악 장르다. 몇 가지 리듬만 가지고 3분짜리로도, 한 시간짜리로도 즉흥 연주가 가능하다. 그만큼 연주자들끼리 나누는 교감과 신호가 중요하다. 그런데 단지 눈빛 하나로 서로의 연주 호흡이 아름답게 어우러지는 무대를 보면서, 큰 감동을 받았다.

"내가 그의 이름을 불러주었을 때 그는 내게로 와서 꽃이 되었다."

김춘수 시인의 「꽃」에 나오는 구절을 이렇게 바꿀 수도 있지 않을까.

"내가 너를 바라보았을 때 너는 내게로 와서 꽃이 되었다."

이 구절처럼 바라보는 것만으로도 음악이 되고 사랑이 된다면 어떨까. 가장 아름다운 만남일 것이다. 수없이 많은 말을 해도 상대는 알아듣지 못하는 소통 부재의 시대에, 눈빛만으로 마음을 나누는 대화는 더 소중하고 빛날 수밖에 없다.

네가 흔들리면 나도 흔들린다

얼마 전 어느 고층상가 건물이 흔들려 사람들이 갑자기 대피하는 소동이 있었다. 그 원인을 두고 의견이 분분했는데, 이 건물 12층 피트니스 센터의 집단 뜀뛰기가 공명 현상을 일으켰다는 견해가 있었다. 이를 두고 믿을 수 없다는 사람이 많았다. 물론 결론이 분명하게 난 것은 아니지만, 이런 현상은 얼마든지 가능하다.

1940년 미국 워싱턴 주 타코마 시에 '타코마 내로우스 브리지'라는 다리가 세워졌다. 당시 세계에서 세 번째로 긴 다리로, 준공했을 때만 해도 사람들은 '최고의 기술자가 만들어낸 가장 아름다운 다리'라며 자랑스러워했다. 그런데 아쉽게도 그 다리는 준공한 지 4개월 만에 무너졌다.

시속 200킬로미터의 강풍에도 견딜 수 있도록 설계되었는데, 고작 시속 70킬로미터 정도의 바람에 무너져버린 것이다. 이 원인을 규명하기 위해 많은 과학자가 매달렸다.

원인은 공명 현상이었다. 유독 시속 70킬로미터 바람에만 크게 흔들리는 묘한 공명 현상 때문에 다리가 무너져내렸던 것이다.

꽤 오래 전 일인데, 멕시코에서 큰 지진이 일어났을 때도 신기하게 20층 건물들만 산산히 무너져내렸다. 그보다 높거나 낮은 건물들은 무너지지 않았는데 묘하게도 20층 건물만 피해를 크게 입었다. 알고 보니 무너진 층에 해당되는 건물의 진동과 지진파가 맞아떨어져서 그 높이의 건물이 많이 무너진 것이었다.

이와 같은 공명 현상은 사람 사이에도 존재한다. 사람 사이에 진동이 같을 때 흔히 주파수가 맞는다, 코드가 맞는다, 궁합이 맞는다는 이야기를 한다. 주파수가 맞는 사람들이 만나면 공명 현상으로 기쁨이 배가된다.

특히 주파수가 맞아서 같이 흔들리는 경우가 있다. 바로 남녀 사이에 주파수가 잘 맞으면 가슴이 뛰고 맥박이 빨라지고 주체할 수 없을 만큼 강렬한 울림이 있게 된다.

한편 자기는 사랑이라고 생각하고 누군가에게 파장을 보냈는데, 상대는 그것을 귀찮아하고 심지어는 증오로 받아들이는 경우도 있다. 이럴 때는 파장이 맞지 않는 것이어서 함께 있는 시간이 지루하고 불편하게 느껴진다.

인생에서 최고의 진동은 사랑이다. 상처 받은 마음을 달랠 수 있는 것도 사랑이고, 앞으로 나아갈 희망을 얻는 것도 사랑이다. 살아가는 동안 우리가 사랑하며 살아가야 할 이유이기도 하다.

우리가 공명을 경험하는 순간은 많다. 자연 경관 앞에서, 여행을 하다가, 명상 중에, 또는 좋은 사람과 차를 마시며 사랑의 시선으로 바라볼 때 내면 깊은 곳에서 울림이 생겨난다. 이것이 바로 함께 흔들리는 행복한 공명 현상이다.

나와 같은 울림을 가진 사람, 좋은 주파수를 함께할 수 있는 이들이 내 주변에 많다면 그것이 성공한 인생, 행복한 인생일 것이다.

믿는 것과 믿어주는 것

"그 사람이라면 확실하게 믿을 수 있다."

당신에겐 이처럼 자신 있게 말할 수 있는 사람이 있는가. 사회에서 만난 사람 가운데 이런 돈독한 믿음을 자랑할 만한 존재가 있다면 천군만마를 얻은 것과도 같다.

자신을 포장하지 않고 그대로 드러내도 믿을 만한 대상이 있다면, 그의 사회생활은 성공한 것이다. 슬럼프가 오거나 좌절했을 때, 믿고 마음을 털어놓을 수 있는 대상이 있다면 그 어떤 위기의 강도 거뜬히 건널 수 있다.

믿는다는 건 참 어마어마한 일이다. 믿는 사람에게만 자신을 드러내고, 믿는 사람에게만 자신을 맡길 수 있기 때문이다.

부부도 자신을 그대로 드러내고 위로받을 수 있다면, 그 두 사람 사이에 단단한 믿음이 있는 것이다. 이렇듯 믿음이 있어야 몸을 열고 마음을 연다.

부부가 믿음을 돈독히 하려면 먼저 물질적인 경계를 허물어야 한다. 부부 사이에는 통장을 오픈하는 것이 좋다. 그러지 않고서 믿음을 얻기는 어렵다. 그 문제가 화근이 되어서 다툼이 일어나고 갈라서는 경우도 숱하게 보았다.

나는 월급통장을 아내에게 오픈하는 정도가 아니라 평생 맡기고 살았다. 내 것이라고 생각한 적이 없다.

그런데 '믿는' 것과 '믿어주는' 것이 있다. 이 둘 사이에는 차이가 있다. 믿는 것은 무조건적이다. 어떤 조건이나 단서를 달지 않고, '그 사람이니까' 믿는 것이다. 팥으로 메주를 쑨다고 해도 믿고, 나는 맛이 없는데 그가 맛있다고 하면 그냥 믿는 것이다.

'믿어주는' 것은 다르다. 의심이 가고, 혹은 나를 속이는 걸 알지만 믿어주는 것이다. 부모와 자식 간에 그런 경우가 많다. 아이가 뒤에 사탕을 숨기고도 안 숨겼다고 할 때, 거짓말한다고 야단치는 게 아니라 "아, 그래!" 하고 믿어주는 거다.

이것이 큰 힘을 발휘한다. 진정으로 믿어주면 그 아이는 믿을 수 있는 사람으로 자란다. 그래서 부모는 자식에 대해서 믿음의 울타리가 커야 한다.

물론 믿음을 갖기가 어려울 때도 있다. 갈등도 있고 동기가 의심스럽기도 하고, 어떤 현상을 의심할 수도 있다. 그렇지만 믿거나 믿어주면, 지나고 나서 깨닫게 되는 것들이 있다. 그 의심이 덧없는 것이고 그 의심이 부끄러운 것이었고, 그리 중요한 것이 아니었다는 사실을 알게 된다.

"당신은 동반자와의 관계가 좋은 효과를 발휘하기 위해서는 사랑과 헌신과 신뢰가 중요한 역할을 한다는 것을 배운다. 그리고 사랑만으로는 충분하지 않다는 것과 신뢰 없이는 사랑을 주고받을 수 없다는 것을 알게 된다. 두 사람이 원하는 파트너십을 위해서는 둘 다 건강하고 내면적으로 안정된 사람이어야 한다는 것도 깨닫게 된다."

게리 주커브는 『영혼의 의자』에서 사랑과 신뢰가 하나임을 이야기했다. 사랑과 신뢰는 종이의 앞뒤 면처럼 따로 뗄 수 없다. 하나가 없으면 다른 하나도 존재할 수 없다. 사랑은 신뢰의 우물을 깊게 하고 신뢰는 사랑의 시간을 넓힌다.

이렇듯 중요한 진리를 알면서도 우리가 서로 신뢰하지 못하고 갈등하는 데는 이유가 있다. 기대가 클수록 실망도 크기 때문이다. 기대한 만큼 되지 않을 때 스스로 낙심하고, 소중한 사람과의 관계가 흔들리게 된다.

그래서 기대를 품되 그 기대가 채워지는 것에 목표를 두지 말고, 채워가는 과정에 행복을 느끼는 것이 중요하다. 행복은 함께 만들어가는 거라고 믿을 때, 사랑도 깊어지는 것이다.

끝까지 믿어주는 것.

자신이 어떤 희생이나 어려움을 당해도 믿어주는 것.

장점들을 '믿고' 단점들을 '믿어주는' 것.

그러면 그 부족한 단점조차도 세상에 둘도 없는 장점으로 바뀔 거라는 믿음으로 함께 가는 것······.

그러면 다른 누구도 아닌, 그 믿음을 가진 내가 행복해진다.

나와 다를 뿐

"대화가 필요해."

상대가 내 말을 이해하지 못할 때, 의미가 제대로 전달되지 않을 때 이런 말을 하곤 한다. 우리는 분명 말이라는 공통의 도구를 사용하고 있는데, 대체 왜 소통이 안 되는 걸까.

"내 입장만 생각하니까!"

"다른 사람 말을 잘 안 듣기 때문에!"

여기에 답이 다 있다.

서로 다른데 상대방을 자기 입장에서만 보니까 소통이 안 되는 것이다. 특히 남자와 여자는 의사소통에 많은 어려움을 겪는다. 오래 만날수록 서로가 서로를 이해해 주지 않는다고 많이 다툰다. 『화성에서 온 남자 금성에서 온 여자』에서 저자인 존 그레이는 남녀의 차이와 갈등을 재미있게 풀어냈다.

    옛날 옛적에 화성 남자들과 금성 여자들은 서로를 발견하자마자 한눈에 반했다.
    사랑의 마법에 걸린 듯 그들은 무엇이든 함께 나누면서 기쁨을 느꼈다.
    서로 다른 세계에서 왔지만 그 차이를 인정하고 서로 사랑하고 조화를 이루며 함께 살았다.
    그러다가 지구에 와서 살게 되자 그들은 이상한 기억상실에 빠진다.
    자신들이 서로 다른 행성에서 왔고, 그래서 서로 다를 수밖에 없다는 사실을 잊어버린 것이다.
    서로의 차이를 인식하고 그것을 존중해 왔던 사실이 기억에서 모두 지워지면서 그들은 충돌하기 시작했다.

    오랜 시간 각자 다른 세계에서 살아온 남녀가 서로 다른 시각으로 사물을 바라보는 것은 당연하다. 단지 다른 것이다. 그런데 이를 인정하지 않고 "왜 나랑 다르냐"며 화를 내고 상대를 나의 눈높이에 맞게 바꾸려 하는 데서 갈등이 생긴다. 하지만 상대가 나와 다르다고 해서 그가 틀린 것은 아니다.
    오래 함께 살아온 부부도 수없이 소통의 부재, 소통의 단절 기간을 거치게 된다. 나는 "아"라고 말했는데 상대는 "어"로 알아듣는다. 나는 "사랑한다"고 말하는데 상대방은 "미워 죽겠다"는 말로 이해한다. 자기 생각, 자기 방식, 자기 관점에서 말하고 들으면 이 같은 '왜곡된 전달'은 끝도 없이 반복된다. "부부생활을 10년 하면 훈련소 생활 10년 한 것"이라는 농담 같은 이야기가 있을 정도이다.

소통은 '내 생각'을 내려놓을 때, '네 생각'이 이해되면서 시작된다. 최고의 소통 단계는 믿고 맡기는 것이다.

부부가 여행을 함께 가면 가장 좋을 것 같지만 의외로 많이 싸운다. 기분 좋게 출발해서 여행 내내 싸우다 등 돌리고 돌아오는 부부가 많다. 왜 즐거운 여행을 떠나서 갈등의 폭만 키울까.

여행에서는 선택할 일이 많다. 어디로 갈지, 무엇을 먹을지, 어디서 잘지 등등, 매순간 선택을 해야 한다. 이때 부부가 취향이 서로 다를 경우 자기가 원하는 대로만 하려다 보니 충돌이 잦아지는 것이다. 그래서 여행은 셋이 가야 한다는 이야기가 있다. 중개자가 필요한 것이다. 그러지 않으면 싸우느라 여행도 제대로 하지 못한다. 친구끼리도 둘이 가거나 넷이 가면 싸워서 혼자 돌아오거나 둘둘 갈라서 오고, 다섯이 가면 함께 온다는 통계가 있다.

여행 가서 잘 지내고 오는 제일 좋은 방법이 있다.

"나는 이곳을 가고 싶은데……."

이렇게 말하며 상대가 다른 곳으로 이끌면 "아, 그래 좋다!" 하고 따르는 것이다.

"나는 이것을 먹고 싶은데……."

상대가 다른 음식을 권하면 "아, 그래 메뉴 잘 선택했어" 하고 따라가주는 것이다.

이처럼 상대를 존중하면 싸울 일이 없다. 그런데 많은 부부가 나이 들어 갈수록 자기 고집을 더 내세워 갈등을 키운다. '소귀에 경읽기'라는 말이 있듯이, 상대가 내 말을 받아주지 않으면 작은 소리가 큰 소리가 되고 다시 고함으로 바뀐다.

나이가 들수록 언제나 '아이의 귀'를 닮아야 한다. 잘 귀담아 듣는 사람, 그래서 잘 감동하고, 잘 반성하고, 잘 사랑하며, 순진하게 사는 사람. 언제나 누구에게나 사랑받는 사람이다. 특히 가까운 사이일수록 우리 모두는 다르다는 사실을 인정하고 귀를 열고 마음을 열고 상대를 보아야 한다.

눈빛, 손, 포옹 인사

어느 곳이든 처음 가는 장소에서는 모든 게 민감하다. 그곳의 분위기, 공기, 사람들의 표정, 심지어 벽에 걸린 장식품, 문고리, 벽지 디자인 등에서도 어떤 느낌을 받는다. 그 가운데 가장 강한 느낌을 받는 것이 있다. 바로 그곳에서 일하는 사람들이 건네는 표정과 말이다.

"안녕하세요?"라는 한마디 인사말 속에도 그 사람의 표정과 말투, 어감이 묻어난다. 친절함 혹은 불친절, 따뜻함 혹은 차가움의 느낌이 한순간에 전해진다. 그 느낌에 따라 그곳에 다시 가기도 하고, 다시는 가지 않게 되기도 한다.

인사는 사람 사이에 첫 전류를 흐르게 하는 스위치인 셈이다. 인사로 소통과 단절의 버튼이 작동되는데, 인사성 없는 사람은 사람 사이에 전류가 흐르지 않아 혼자 깜빡깜빡 하다 이내 꺼지고 만다. 그래서 인사성 좋다는 말은 인간관계에 기본을 갖추었다는 칭찬이다. 그래서 능력, 외모, 재능을 칭찬하는 것보다 더 좋은 칭찬이다.

참 간단하고 쉬운 것이 인사인데, 그처럼 간단한 인사를 잃어버린 사람이 적지 않다. 어른들에게 시원스레 인사하는 아이들을 찾아보기 어려워진 것만 봐도 그렇다. 아파트 엘리베이터 안에서 어른과 마주쳐도 멀뚱멀뚱 처다볼 뿐이다. 직장에서도 이른 아침 힘차게 인사하며 눈을 마주쳐오는 사람을 만나보기가 예전 같지 않다고들 한다.

어떤 행사에서는 프로그램이 끝날 때까지 인사 한번 없이 가는 사람들이 간혹 있다. 흔히 학교를 졸업하면 선생님을 다시는 안 볼 듯이 "아! 이제 이 학교와는 끝났어" 하면서 손 탁탁 털고 돌아서 버리는 학생들처럼 말이다.

그러나 그런 사람들일수록 자기가 아쉬울 때는 선물 보따리를 싸들고 모교를 다시 찾아가서 아쉬운 소리를 한다.

그럼 어떤 인사가 좋은 인사일까. 먼저 눈빛으로 전하는 인사가 있다. 고개 숙여 인사하는 것도 좋지만 멀리서나마 눈빛으로 살펴봐 주는 인사도 상대를 기분 좋게 한다. 우연히 돌아봤을 때 누군가 따뜻한 시선으로 나를 보고 있다면 얼마나 행복하겠는가.

그런데 가까운 사이에서 오히려 시선을 마주치지 않는 경우가 많다. 자식이 부모의 시선을 외면하고, 학생들이 학교에서 선생님과 눈빛 한 번 교환하지 않는다. 마음이 떠나 있다는 신호다.

얼마 전 많은 화제가 되었던 〈남자의 자격〉 합창 편에서 지휘자 박칼린 감독이 많은 이들에게 참 강렬한 인상을 남겼다. 특히 박 감독이 여러 번 단원들에게 자신의 시선을 절대 놓치지 말라고 주문하는 것을 본 적이 있다.

그만큼 눈빛은 사람과 사람 사이의 중요한 교감이니, 서로 관계를 맺어가는 인사에는 두 말 할 필요가 없을 것이다.

다음으로는 손 인사가 있다. 손을 꼭 잡아주는 것이다.

"나 역시 잘하고 있을 땐 요란하고 화려한 응원을 받고 싶지만 요즘처럼 기분이 가라앉거나 풀이 죽어 있을 때는 그냥 옆에 있어주는 응원, 따뜻하게 손잡아주는 응원 그리고 가만히 안아주는 응원, 그런 조용한 응원을 받고 싶다."

긴급구호활동가 한비야의 고백이다.

아무리 씩씩하고 용기 있는 사람도 기운이 빠질 때가 있다. 울고 싶은데 울 수조차 없을 때가 있다. 골방에 들어가 울음을 삼키고 가까스로 몸을 추스를 때, 바로 그런 순간에 누군가 조용히 다가와 손을 잡아 일으키면, 그보다 더 큰 인사와 응원이 없다.

더 좋은 인사로는 포옹 인사가 있다. 〈깊은산속 옹달샘〉에서 명상을 할 때, 〈아침편지〉 여행 중간에 포옹을 하는 시간이 있다. 마주 선 사람과 포옹하면서, "사랑합니다" "감사합니다" 인사를 나눈다. 이때 처음 만나는 사람이지만, 진심으로 건네는 그 한마디에 위로받아서 많은 사람이 눈물을 흘리기도 한다.

인사의 힘은 강하다. 나를 너에게로 우리에게로 달려가게 한다. 그때 얻게 되는 힘은 어마어마하다. 그것을 경험하고 싶다면, 지금 만나는 누군가에게 인사를 건네보자. 눈빛을 건네든, 손을 내밀든, 포옹을 하든 그 무엇도 좋다. 마음이 전해지는 인사라면, 다 좋다.

삶을 함께 꿈꾸는 것

얼마 전 초등학교 동창들을 만났다. 수십 년의 세월을 훌쩍 뛰어넘어 열여덟 명의 동창생이 모였다. 오랜 시간 보지 못했는데도 우리의 모든 몸짓과 언어는 예전으로 돌아가 있었다. 마치 어제 일인 듯 시시콜콜 이야기하는 내내 웃음이 끊이질 않았다. 학창 시절의 기억들이 모두에게 즐거운 추억이 되어 있었던 것이다.

초등학교 동창들을 만나 아이처럼 함께 웃을 수 있었던 것은 어린 시절의 경험을 함께 공유했기 때문이라는 생각이 들었다. 어린 시절의 기억들은 아무리 오랜 세월이 지나도 우리들의 가슴을 연결시켜 준다. 졸업 이후에 사는 모습, 성장한 모습은 다 다르지만, 친구라는 관계로 변함없이 함께해 왔기에 세월을 거슬러 동심으로 돌아갈 수 있었던 것이다. 첫 마음, 첫 자리에 있었던 친구 사이는 오래 가고 허물없이 마음을 열게 한다.

사랑도 첫 자리, 첫 마음이 중요하다. 그러나 그보다 더 중요한 것은 오래도록 그 첫 마음을 지키는 것이다. 한번 시작하면 오래 사랑하는 것이 더 중요하다. 사랑은 100미터 달리기가 아니라, 마라톤처럼 오래 달리는 것이다.

한번 사랑하는 것, 한번 잘하는 것은 쉽다. 그러나 사랑하는 것, 특히 오래 사랑하고 오래 잘하는 것은 정말 쉽지 않다. 한결같이 잘하는 것, 끝까지 잘하는 것, 그것이 오래 달리기, 오래 사랑하기다.

바이칼 여행에서 만난 한 목사님이 이런 '농담'을 했다.

"18년 동안 '마누라 바꿔주십시오'라고 간절히 기도했습니다."

그 농담을 듣고 많은 사람이 박장대소를 했다. 그리고 나서 너도 나도 자신의 결혼생활에 대한 이야기를 나누며 눈물짓고 숱한 사연을 털어놓았다. 부부가 오랜 세월 살면서 아무런 문제없이 평화롭게 살 수만은 없다. 굴곡 없고 사연 없는 부부가 어디 있겠는가.

나는 30년이 넘는 결혼 생활 동안 비교적 금슬 좋게 살아왔다. 하지만 나에게도 어려운 시절이 있었고, 갈등이 깊을 때도 있었다. 그럴 때마다 마음을 되돌리게 한 것은 첫 자리, 첫 마음이었다. 그때를 생각하면 꼬였던 마음이 풀리며 회복되었다.

부부가 함께 오래 달릴 수 있으려면 공동의 목표와 꿈이 있어야 한다. 그러면 힘들 때나 위로가 필요할 때 격려하고 등을 두드려줄 수 있다. 같은 꿈을 꾸는 사람들이기 때문이다. 그래서 부부는 함께 꿈꿀 수 있어야 한다. 그 꿈이 무엇인지를 함께 찾고, 그렇게 찾은 길을 온갖 시련을 무릅쓰고 함께 걸어가야 한다.

결혼은 '우리'가 되어 함께 가는 기나긴 여행이다. 한곳을 바라보면서 가는 여행이다. 신혼 때 심하게 다퉜던 우리 부부가 더 이상 싸우지 않고 함께 걸어갈 수 있는 것도 꿈을 함께했기 때문이다.

아름다운 동반자의 모습을 이야기할 때 나는 스콧 니어링과 헬렌 니어링을 떠올린다. 대학교수였던 스콧 니어링은 아동 노동 착취를 반대하고, 제국주의 국가들이 세계대전을 일으킨 것에 반대하다가 해직되었다.

가장 힘든 시절이었던 이때, 스콧과 헬렌은 많은 나이차와 사회의 시선을 이기고 서로를 깊이 사랑하기 시작했다.

"당신은 내 반려자이고 나는 당신을 사랑합니다. 지금까지 그래왔듯이 당신은 자유롭게 어디든 갈 수 있지만, 그대로 머물러 있기를 바랍니다. 나는 내가 당신의 발전에 걸림돌이 되지 않았으면 합니다. 오히려 모든 가능한 방법으로 당신이 앞으로 나아가도록 돕고 싶습니다. 바로 그것이 우정의 참뜻이며, 나는 당신의 진정한 친구가 되기를 간절히 바라고 있습니다."

스물한 살이나 많은 스콧 니어링을 정신적 동지이

자 남편으로 사랑한 헬렌 니어링의 말이다.

두 사람은 모든 것을 버리고 함께 버몬트 산골로 들어가 손수 집을 짓고 땅을 일구며 살아갔다. 최소한의 시간만 생계를 위한 노동을 했고, 나머지는 책을 읽고 여행을 하면서 행복을 찾았다. 욕심 부리지 않고 소박하고 검소하게, 자급자족하며 자연에 어울려 사는 삶을 소망했다. 두 사람은 같은 꿈을 꾸는 동지였다.

반려자를 만나는 것은 그 무엇에도 견줄 수 없는 축복이자 선물이다. 우주적 사건이다. 일생을 함께 가되 상대를 내 것으로 붙잡아두지 않고 서로가 앞으로 나아가도록 도와주는 것. 스콧 니어링과 헬렌 니어링의 사랑은 서로를 격려하고 발전시키는 것이었기 때문에 지금까지도 많은 사람에게 울림을 준다.

얼마 전 〈깊은산속 옹달샘〉의 못에 연을 심었다. 그 순간 그냥 '못'이었다가 진짜 '연못'이 되었다. 못이 있어 연을 심고, 연이 있어 못도 '연못'으로 다시 태어난 것이다.

당신과 나, 둘이 하나가 된 우리는 연못과 같다. 당신이 있어 내가 살고, 내가 있어 당신이 산다. 둘이 따로 떨어져 존재할 수 없는, 우리는 연못이다.

스승 같은 친구

정말 힘이 들 때, 무거운 마음의 짐을 다 내려놓고, 따뜻한 손길로 위로받을 수 있는 사람이 있는가? 세상이 나를 외면해도 끝까지 내 편이 되어주는 정신적 동지가 있는가?

만약 그런 존재가 곁에 있다면, 정말 행복한 인생이다.

"평생에 한두 번 나타날까 말까 한 특별한 영혼의 친구가 있다. 우리가 누구인지, 어떤 사람이 될 수 있는지 깊이 이해하는 친구, 몇 마디로 우리 인생을 바꿔놓을 수 있는 친구, 스승이라고 부를 만한 친구 말이다."

스티븐 나흐마노비치의 『놀이, 마르지 않는 창조의 샘』에 나오는 말이다.

천재 음악가 쇼팽이 그리 주목받지 못하던 시절, 그의 재능을 알아보고 음악적 동지로 손을 내밀어준 '스승 같은' 친구가 한 사람 있었다. 다름 아닌 리스트였다.

당시 리스트는 뛰어난 연주 실력으로 파리의 상류사회에서 큰 인기를 누리고 있었다. 특히 출중한 외모 덕에 여성들의 사랑을 한몸에 받았다. 그 무렵 쇼팽도 파리에 머물고 있었지만, 대중의 인기와는 거리가 먼 무명의 음악가였다.

두 사람은 우연한 기회에 만나, 서로의 음악과 재능을 알아보고 금세 친해졌다. 리스트는 쇼팽의 실력을 높이 평가했기 때문에 그의 음악을 세상에 알려주고 싶었다. 그리고 그 기회를 마련해 주었다. 자신의 피아노 독주회 자리에서였다. 쇼팽이 자기 대신 연주하도록 배려한 것이다.

리스트가 무대에서 인사를 하고 나자 조명이 어두워졌다. 그 어둠 속에서 흘러나오는 피아노 선율의 감동에 젖어 있던 청중이 모두 일어나 박수를 쳤을 때, 피아노 앞에 선 것은 쇼팽이었다. 청중은 쇼팽의 훌륭한 연주 실력에 놀라고, 자신의 자리에 친구를 초대한 리스트의 넓은 아량에 큰 감동을 받았다.

좋은 친구로서 힘을 실어준 리스트 덕에 쇼팽은 사람들에게 많은 사랑을 받고 이름을 알릴 수 있었다.

인생의 중요한 시점에 힘이 되는 존재를 만난다는 것은 크나큰 행운이다. 믿음으로 생각과 정보를 공유하며 인생의 길잡이를 해줄 수 있는 사람이 있느냐 없느냐에 따라 우리 삶의 결과는 크게 달라진다.

더구나 꿈이 있고 꿈너머 꿈이 있는 사람에게는 뜻을 함께하고 같이 나아갈 동지가 반드시 필요하다. 동지가 있느냐 없느냐, 많은가 적은가에 따라 그 꿈의 성취도 크게 달라진다. 더구나 영감을 주고 꿈의 길로 이끌어주는 스승 같은 친구 한 사람을 얻는다면 세상을 얻는 것과 같다.

스승의 자격, 제자의 자격

지방 대학에 강연을 다니다가 독특한 시스템을 도입한 학교를 몇 군데 알게 되었다. 그중 특히 기억에 남는 것이 '멘토링' 제도였다. 이 대학에서는 같은 과 학생들이 몇 개의 그룹을 이뤄 졸업 때까지 4년 동안 서로 '그룹 멘토링'의 관계를 이어가고 있었다. 그런 시스템이 큰 동기부여가 되어서인지 학생들의 눈빛이 살아 있었다.

지방의 또다른 대학에 강연을 갔을 때인데, 유난히 분위기가 참 좋았다. 학생들의 모습이 아주 의욕에 넘쳐서 어떤 이유인지 궁금했는데, 고개가 끄덕여지는 설명을 들을 수 있었다.

학생들이 입학하면서 담당교수가 정해지면, 담임제처럼 4년 동안 그 교수와의 관계가 이어지는 제도가 있다는 것이다. 사실 대학에서 그런 제도를 유지하기는 결코 쉽지 않다. 그런 남다른 제도 덕분에 그 학교 학생들은 다른 학교 학생들과 달리 여러 면에서 남달랐다. 학생들 대다수가 저마다의 분명한 꿈을 가지고 있었고, 그 꿈을 이루기 위해 '기본기' 훈련에 충실한 모습이었다. 이끌어주는 스승이 있을 때 막막함이 사라지고 구체적인 실천으로 나아갈 수 있어서다.

그만큼 우리 인생에서 앞길을 밝혀주는 좋은 스승을 만난다는 것, 또 그의 가르침을 제대로 따르는 제자가 된다는 것은 정말 중요한 일이다.

얼마 전 티베트 불교와 관련된 책을 보다가 스승의 자격, 제자의 자격에 대한 좋은 글을 발견했다.

스승의 자격 중 첫 번째가 스승은 설법을 잘해야 한다는 것이다. 둘째 스승은 피곤하지 않아야 하고 지치지 않아야 한다는 것이다.

제자의 자격은 첫째, 성실함이다. 둘째는 가르침에 대해서 흥미가 있어야 하는 것이고 셋째가 스승의 허물을 보지 말고 덕성을 봐야 한다는 것이다.

스승은 설법을 잘해야 한다는 덕목을 오늘날 우리에게 적용하면 자신의 일을 잘해야 한다는 뜻이다. 교수는 강의를 잘해야 하고 화가는 그림을 잘 그려야 한다. 그래야 좋은 스승이 될 수 있다. 자신의 분야에서 상당한 경지에 올라야 제자를 얻을 수 있고, 제자 앞에 당당히 설 수 있는 것이다.

첼로 연주자는 첼로를 잘 켜고, 연주 실력이 경지에 올라야 한다.

첼로도 조금 하고 피아노도 좀 치는 사람을 일류 첼리스트라고 할 수 없지 않은가. 일단 자기 분야에서 경지를 높이고 나머지는 취미로 하는 것이지 자기 분야와 취미생활을 그만그만하게 엇비슷하게 한다면 전문가라고 하기 어렵다. 골프 선수는 일단 골프를 잘 쳐야지 노래를 잘해봐야 소용이 없다. 가수는 골프는 못 쳐도 노래는 잘해야 한다.

이것이 핵심이다. 자신의 직업에서 기본적인 일을 끝내놓고, 일의 흐름을 꿰차고 꿰뚫고 있어야 자유로워지고 스승의 자격이 생긴다.

두 번째, "지치지 않아야 된다, 피곤한 줄 몰라야 한다"는 글을 보면서 나 자신도 반성을 많이 하게 된다. 그런데 요즘 몇 달째 바쁜 일정을 보내다 보니 위태로운 시간이 이따금 있다. 그래서 '아, 맞아. 체력이 중요하구나' 하는 생각이 든다.

건강해야 여기저기 다니면서 선생 노릇도 할 수 있고, 강연도 할 수 있고 사람도 만날 수도 있고, 〈깊은산속 옹달샘〉 프로그램도 무리 없이 진행할 수 있는 것이다.

스승도 사람인데 어찌 지치지 않겠는가. 그러나 스승의 자리는 남다른 것이라 그만큼 초인적인 자기 관리가 필요하다. 몸이 힘들면 마음으로, 마음이 힘들면 정신으로 견뎌내야 한다. 그럼에도 얼굴은 늘 평화롭고 건강해야 한다.

스승과 제자의 관계에서 가장 중요한 것은 믿음이다. 믿음을 잃으면 비밀의 문도 닫히고 작은 일도 잃게 되지만, 믿음을 얻게 되면 스승은 그 어떤 비밀도 기꺼이 드러내고 더 큰 일도 믿고 맡긴다.

스승은 작은 일로도 제자를 이따금 시험한다. 아주 작은 일을 맡겨놓고 그 일에 얼마나 열심히 최선을 다하는가, 얼마나 감사하며 좋아서 하는가를 보고 더 큰 일도 맡기는 것이다.

우리 모두는 배우는 과정에 있다. 모든 일이 그렇지만 열심히 배워서 나중에는 스승이 되어야 한다. 지도자, 힐러 같은 사람이 되려면, 스승의 자격도 있어야 되고 제자의 자격도 있어야 한다. 지금은 제자이지만 언젠가는 스승이 될 것을 대비하면서 스승의 자격까지도 갖춰가야 한다.

마이클 잭슨과 헬퍼

이른 아침에 눈을 뜨면 CNN 방송을 먼저 본다. 그러면 그날의 세계 동향을 알 수가 있는데, 어느 날 CNN에서 '마이클 잭슨 사망' 소식을 보게 되었다. 팝 황제라 불리며, 100년에 한 번 날까 말까 한 슈퍼스타였던 마이클 잭슨이 고작 50세에 세상을 떠난 것이다. 평균 수명이 늘어난 요즘 같은 시대엔 50세에 죽으면 거의 요절한 것과 마찬가지라 할 수 있다. 제 명대로 못 산 것이다. 그런 죽음을 맞을 때까지 그의 지인들은 무얼 했을까 하는 안타까움이 앞섰다.

마이클 잭슨의 사망 소식을 접하면서 그의 주변 사람들을 떠올려 보았다. 마이클 잭슨의 재능을 가장 먼저 알아본 것은 퀸시 존스였다. 퀸시 존스는 마이클 잭슨의 전성기를 이끌어낸 세 장의 앨범 〈오프 더

월〉〈스릴러〉〈배드〉 등에서 함께 작업했던 전설적인 프로듀서다. 그가 음반 프로듀서로서 마이클 잭슨을 세계적인 스타로 키워준 것이다.

1979년에 낸 첫 솔로 앨범 〈오프 더 월〉이 1,000만 장 이상 팔렸고, 〈스릴러〉는 전 세계에서 1억 400만 장 이상 팔린 것으로 알려졌다. '역대 가장 많이 팔린 앨범'으로 기네스북에 오를 정도였다.

마이클 잭슨의 삶에서 퀸시 존스와의 만남은 음악적인 전기가 되었다. 이 무렵 마이클 잭슨에게 퀸시 존스는 자신의 재능을 발견하고 키워준 헬퍼(helper)였다.

헬퍼는 인생의 전환점을 만들어주지만 마지막까지 지켜주지 못하는 경우도 많다. 마이클 잭슨도 퀸시 존스와 만난 지 15년 후 결별하게 된다. 이미 그의 품에서 머물기에는 너무 커버린 것이다.

평생 연극을 한 중견배우와 이야기를 나눈 적이 있다. 화려하게 무대의 막이 오르고 혼신의 힘을 다해 연기를 하다, 연극의 막이 내리고 관객이 다 떠난 무대에 혼자 서면, 그때의 외로움과 허무함이 이루 말할 수 없다고 한다. 그때 수고했다고 등을 두드리며 "우리 소주 한잔 하자"는 사람이 없을 때, 죽고 싶다는 생각이 들 정도로 외롭다는 것이다.

마이클 잭슨을 세계적인 스타로 키워놓은 사람은 있었지만, 곁에서 그것을 지탱하고 지켜주고 정서적으로, 영적으로, 신체적으로 살려주는 사람은 없었던 것 같다. 세계인을 감동시킨 슈퍼스타였던 만큼 화려한 무대에서 내려온 뒤의 허탈함과 고독은 그 누구보다 컸을 것이다. 수많은 시선 속에 살아야 하는 이런저런 힘든 과정이 쌓이고 쌓이면서 그것이 병이 되어 결국 요절하게 된 것은 아닐까.

끝까지 나를 키워주고 도와주는 사람이 곁에 있다면, 그 사람은 행운아다. 설리번 선생을 만난 헬렌 켈러가 그중 한 사람일 것이다. 헬렌 켈러는 신체적 장애라는 불운을 타고났지만, 좋은 스승을 만남으로써 그의 인생은 달라졌다.

스무 살짜리 맹아학교 교사였던 설리번 선생이 볼 수도 들을 수도 말할 수도 없는 여섯 살의 헬렌 켈러를 만났을 때, 그 아이는 괴팍한 성격에 동물적인 본능으로 살아가고 있었다. 설리번 선생은 야생의 소녀를 인내심으로 키워 하버드 대학에 보내고 세계적인 자선가로 만들어냈다. 위대한 인물로 키워줬을 뿐만 아니라 마지막까지 살려낸 헬퍼가 되어주었다.

설리번이 헬렌 켈러를 키울 때 얼마나 힘들었겠는가. 그것을 인내하지 않았다면 훗날의 헬렌 켈러가 탄생하지 못했을 것이다. 그래서 헬퍼에게는 다른 사람보다 훨씬 강한 인내심이 필요하고, 타인의 고통과 상처를 받아내는 마음의 그릇이 훨씬 커야 한다.

마이클 잭슨에게도 그의 유명세와 심리적 어려움을 받아줄 만큼 가슴이 넓은 헬퍼가 한 사람이라도 곁에 있었다면, 그처럼 빨리 세상을 떠나지는 않았을 거라는 생각이 든다.

사랑은 촉감으로 시작된다

사랑은 따뜻함을 느끼는 것이다. 몸으로 가슴으로 온기로 녹여주는 것이다. 사랑이 시들해지면 아무리 가까이 몸을 맞대도 싸늘한 냉기가 돈다. 그러나 사랑이 있으면 스치듯 지나가는 촉감에도 가슴이 뛰며 온기가 돈다. 그리고 아무리 멀리 있어도 군불 같은 온기가 서로의 몸과 마음과 영혼을 따뜻하게 덥혀준다.

아이들은 사랑을 먹고 자란다. 특히 부모의 온기가 담긴 포옹과 스킨십은 아이들의 가슴을 덥혀준다. 그 온기가 고스란히 세포 속에 남아 아이가 자라면서 사랑이 고갈될 때마다 다시 살아나 가슴을 덥히는 위력을 발휘한다. 사랑이 담긴 부모의 손끝에 아이들의 일생이 달려 있는 것이다.

결혼한 부부에게도 늘 이 온기가 필요하다. 온기가 있는 부부는 배우자의 손길이 닿을 때 정서적 충족감과 행복을 느끼지만, 마음이 멀어진 부부에게는 만지는 손길이 차갑게 느껴지면서 몸서리를 친다.

오랫동안 갈등으로 반목하다 '이게 마지막이다' 하는 심정으로 〈깊은산속 옹달샘〉 부부학교 프로그램에 참여한 부부가 있었다. 그들은 만약 여기에서도 화해하지 못하면, 헤어질 결심을 했다고 한다.

사뭇 냉랭한 기운이 돌던 이 부부가 서로에게 마사지를 해주는 시간이 왔을 때, 매우 당황해하는 눈빛이었다. 그러나 다른 부부들이 열중하는 모습에 압도되어 점차 몰입하면서부터 조금씩 달라지기 시작했다.

어색한 손길로 서로의 몸을 쓰다듬다 어느 순간 와락 눈물을 쏟아냈다. 눈길조차 마주치지 않고 오랜 시간을 보냈는데, 정말 오랜만에 느껴본 따뜻한 촉감에 딱딱하게 굳은 감정이 녹아내린 것이다.

"왜 그렇게 미워하며 살았나 모르겠습니다. 함께 사는 날이 영원한 게 아닌데요."

부부는 뜨거운 눈물을 흘리며, 더 많이 안아주고 더 많이 품어주겠노라고 다짐했다.

"등 뒤에서 너를 끌어안으면 너의 왼쪽과 나의 왼쪽, 너의 오른쪽과 나의 오른쪽이 정확히 겹쳐진다. 나의 심장은 너의 심장과 같은 자리에서 뛰고, 나의 왼쪽 손은 너의 왼쪽 손을 잡는다. 너는 내 눈을 보고 있지 않지만 내 마음을 읽고 있고, 날 완전히 상대에게 내맡기고

놓아버렸을 때의 평안함과 따뜻함을 느낄 수 있다."

조진국의 『사랑하지만, 사랑하지 않는다』에 나오는 대목이다.

사랑은 손끝으로 다가가고 손끝으로 이어간다. 사랑으로 어루만지는 것만으로도 닫혔던 마음의 빗장이 열리고, 어두운 마음의 골짜기에 빛이 들어 가슴 속 묵은 상처마저 눈 녹듯 녹아내리게 한다. 사랑이 담긴 손길, 따뜻한 촉감의 힘이다.

가정은 사랑과 화해를 배우는 곳

'가정' 하면 어떤 생각들이 떠오르는가?

따뜻함, 포근함, 맛있는 밥상, 사랑, 행복, 편안함을 떠올렸다면, 그 사람에게 가정은 '작은 천국'이라고 할 수 있다.

그러나 가정이 편안한 곳이 아니라 고통스러운 곳, 행복한 곳이 아니라 불행한 곳이라면, 이 사람에게 가정은 '작은 지옥'이라고 할 수 있다.

보통은 가정, 가족에 대해 따뜻한 느낌을 갖는다. 또한 가족은 언제나 기댈 수 있고, 세상 사람이 다 등을 돌려도 끝까지 나를 응원해 주는 존재라는 믿음이 있다.

하지만 가족이 상처, 아픔인 사람들도 무척이나 많다. 그런 이들에게는 집에서 가족과 함께 먹는 밥이 가장 맛있고, 가족이 사랑이 아니라 증오의 대상이기도 하다. 가족이 내뱉은 말 한마디에 상처입고 등 돌리며, 비난과 비교에 멍들기도 한다. 사랑을 주지 않은 부모 때문에 비뚤어진 삶을 살기도 한다. 그야말로 가족에게는 극단의 감정이 교차한다.

나는 3남 4녀 형제들 속에서 성장했다. 만약 나에게 인생의 '전투력'이 있다면 어린 시절 형제들과의 싸움에서 비롯된 것이다. 정말이지 수없이 싸웠다. 밥 먹다가도 싸우고, 책 보다가도 싸우고, 놀다가도 싸우고…… 마치 싸우기 위해 형제가 된 듯했다.

이처럼 우리는 가족에게 사랑을 배우기도 하지만, 싸움을 배우기도 한다. 그러면서 화해까지 배운다. 그래서 가정은 작은 천국이기도 하고 작은 지옥이기도 한 것이다.

그럼 지옥과 천국의 순간은 언제 엇갈릴까. 그 경계선은 무엇일까. 내가 집안에서 무언가를 받는 대상으로만 머물러 있으려 할 때다. 사랑받고, 유산을 받고, 맛있는 음식을 제공받고, 자유와 편안함을 제공받는 자리에만 있으려고 할 때이다. 이런 기대가 충족되지 않을 때 내게 가정은 점차 지옥으로 바뀌기 시작한다.

반대로 편안함을 주고, 자유를 주고, 사랑을 주고 내가 먼저 비워내고 내가 먼저 주기 시작하면 가정은 작은 천국으로 바뀌게 된다. 이것은 비단 가정에만 국한된 이야기가 아니다. 어떤 조직, 학교, 회사, 국가도 마찬가지다.

'작은 천국'이냐 '작은 지옥'이냐를 가르는 것은 내가 어느 방향으로 발걸음을 옮기느냐에 따라 결정된다.

어릴 때 받은 우울한 기억과 상처는 평생 상흔으로 남기 쉽다. 그러나 내가 행복해지려면 그 쓴 뿌리를 과감히 뽑아내고 가야 한다. 그때 필요한 것이 바로 용서다.

완전한 용서의 첫걸음은 나를 먼저 용서하는 것이다. 조건이 없다. 이유도 필요 없다. '나를 용서하지 못한 나'를 무조건 용서해야 한다. 작은 가슴에 품은 미움과 원망으로 스스로를 괴롭혀온 나를 용서하는 것이다.

그리고 이 시간 이전의 모든 것, 모든 사람을 용서하는 것이다. 그리고 다시는 되돌아보지 않는 것이다. 용서는 나를 살려낸다. 가까이 있는 사람을 살리고 세상을 살린다.

사랑하고 살기에도 시간은 참 짧다. 암에 걸려 생의 나날이 얼마 남지 않음을 알고 쓴 『오늘 내가 살아갈 이유』에서 저자인 위지안은 이렇게 말했다.

"사랑하는 사람을 위해 뭔가를 해줄 수 있는 기회가 언제나 충분히 남아 있다고 생각한다. 그래서 소홀히 하기도 하고 뒤로 미루기도 한다. 그러다 문득 '마지막 기회'를 맞이하는 순간, 비로소 깨닫게 된다. 인생이란 여전히 셀 수 없을 만큼 '사랑할 수 있는 기회'로 이루어져 있다는 사실을……"

우리는 그 소중한 기회를 숱하게 놓치고도 무엇을 잃고 있는지 모른다. 지금 함께 살고 있다고 해서 영원히 함께 가는 것은 아니다. 그러니 오늘 사랑을 말하라.

한 어머니가 생일 날 딸이 보내준 문자 한 통에 눈물을 흘렸다.

"엄마가 내 엄마여서 정말 행복해요."

딸의 진심어린 고백은 그 어머니 인생에 최고의 선물이었다.

아직 가족에 대해 쓰디쓴 감정이 남아 있고 화해를 하지 못했다면, 오늘 화해의 손을 내밀라. 더 늦기 전에. 그래서 훗날 가족에 대해 따뜻한 기억을 남겨두지 못한 것을 후회하지 않도록 말이다.

부부싸움의 규칙

한 부부가 상담을 해왔다. 남편은 "아내가 내 꿈과 뜻에 반대합니다"라 하고, 아내는 "남편은 늘 자기 자랑만 해요"라며 서로에게 불만이 가득했다. 그래서 늘 티격태격한다는 것이다.

아내와 나는 어렵던 시절 숱한 이별과 만남을 반복하면서도 부부의 인연을 맺을 만큼 각별한 사이였지만, 우리도 결혼해서 6개월 동안 정말 치열하게 싸웠다. 거의 핵폭탄 수준이었다. 마치 싸우기 위해 결혼한 것 같았다. 결혼 전에는 상상도 할 수 없었던 상황이었다. 그러다가 서로 쓸데없는 일에 너무 많은 에너지를 소비하고 있다는 사실을 절절이 반성하게 되었다. 그후 30년은 싸우지 않고 지낸다.

부부는 서로 다른 생각과 환경 속에 성장해서 같은 생활공간에서 함께 살아간다. 똑같은 사람이 아닌데 갈등이 없을 수 없다. 그렇기에 다투는 것을 겁낼 필요는 없다. 상처가 두려워 부딪치지 않으려 애쓰는 부부가 있는데, 그러면 안으로 쌓이고 쌓여 더 크게 폭발할 수 있다. 오히려 현명하게 부딪치고 그 갈등을 해결해 가는 과정이 서로를 이해하는 큰 자산이 될 수 있다.

부부치료의 세계적 권위자인 존 가트맨 박사도 싸우지 않으려는 부부가 더 위험할 수 있다는 이야기를 들려준다. 서로의 문제를 회피하고 미루다가 더 깊은 감정의 골을 만들 수 있기 때문이다. 우리가 흔히 '잉꼬부부'라고 하는 부부들이라고 해서 조금도 갈등이 없고 싸우지 않는 것이 아니다.

물론 아무리 치열하게 싸워도 꼭 지켜야 할 것이 있다.

첫째, 막말은 하지 말자. 가령 '이혼하자' 같은 말이다.
둘째, 집안에서 끝내자.
셋째, 따로 자지 말자.

영국의 빅토리아 여왕은 독일 작센 공의 차남인 알버트 공과 결혼했다. 이들 부부는 금슬이 좋기로 유명했는데, 처음부터 부부 사이가 좋았던 것은 아니었다고 한다.

신혼 초에 부부싸움을 했는데, 알버트 공이 크게 화가 나서 방문을 잠그고 들어가 버렸다. 한참 뒤에 빅토리아 여왕이 방문을 두드렸다.

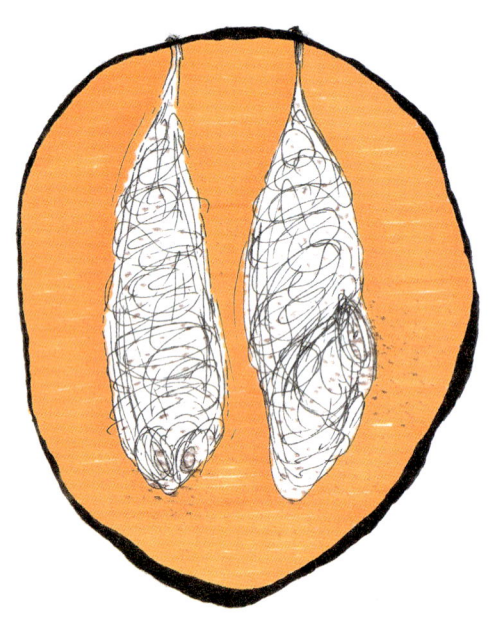

사랑을 하면 사람이 달라져야 합니다.
'사랑의 사람'으로 바뀌어야 합니다.
오히려 사람을 더 미워하고, 더 속좁아지고,
더 이기적이 되면, 그 사랑은 잘못된 것입니다.
한 사람과의 사랑이 나를 '좀더 나은' 사람으로 진화시켜,
만인(萬人)을 사랑할 수 있는 에너지의 원천이 되어야 합니다.
사랑이 사랑을 낳습니다.

"누구요?"

"여왕입니다."

알버트 공은 아무런 말도 하지 않았다. 여왕은 다시 문을 두드렸다.

"누구요?"

"여왕입니다."

이번에도 알버트 공은 아무 말도 하지 않았다.

빅토리아 여왕이 다시 문을 두드렸다.

"누구요?"

"당신의 아내입니다."

그제야 알버트 공이 환하게 웃는 얼굴로 문을 열었다.

부부는 갈등이 생겼을 때도 지위나 체면, 자존심 따위의 외적인 포장을 벗어던지고 만나야 한다. 오로지 사랑하는 남자와 여자, 남편과 아내로 만날 때, 불필요한 오해 없이 문제를 해결할 수 있다.

세번째 춤
나는 내가 좋다, 나는 네가 좋다

....

다 가졌기 때문이 아닙니다. 다 이루었기 때문이 결코 아닙니다. 아직도 모자라고 이루고자 하는 것이 많지만 지금 내 앞에 있는 것에 감사하며 사는 것입니다. 내가 하는 일, 내가 먹는 밥, 내가 얻은 사랑에 감사하면 행복은 저절로 따라 옵니다.

오늘도 많이 웃으세요

단거리 육상의 신기록 제조기라 불렸던 칼 루이스에게는 잘 알려진 일화가 있다. 그는 100미터 경주에서 80미터 지점에 오면 항상 씨익 웃었다. 그 이유를 궁금해 하는 사람들에게 그는 말했다.

"나머지 20미터는 웃기 때문에 더 잘 달릴 수 있다."

단거리 선수에게 마지막 20미터는 이를 악물고 죽어라 달려야 할 최후의 순간이다. 잔뜩 찡그리기 쉬운 그 고통의 순간을 오히려 웃으며 달리면 더 잘 달릴 수 있다는 것이다.

매일 〈아침편지〉에서 마지막에 보내는 인사가 있다.

"오늘도 많이 웃으세요."

어떤 이는 "딱히 웃을 일도 없는데 억지로 웃으라는 거냐"라고 말하기도 하고 "형식적이고 가식적으로 웃는 게 무슨 의미가 있죠?"라고 묻기도 한다. 물론 일부러 웃는 것보다는 정말 즐거워서, 기쁨이 차올라서 웃는 웃음이 더 아름답고 행복하다.

그렇다면 '기쁨이 차오르는' 웃음은 언제 가능할까? 바로 자기 안에 웃음의 저장고가 있고, 의식의 수준이 높을 때이다.

의식의 수준은 사람마다 엄청난 차이가 있다. 어떤 사람은 아무것도 아닌 일에도 칼을 들고, 어떤 사람은 빙긋이 미소를 짓는다. 똑같은 상황인데도 어떤 사람은 깊은 절망에 빠져 자포자기하고 어떤 사람은 다시 도전한다.

그 의식의 수준을 스스로 높이기 위해서는 삶 속에서 늘 새로운 깨달음이 필요하다. 깨달음은 외적 조건이 아니다. 내적 조건이다. 주어진 외적 조건은 그대로인데 내적 깨달음을 통해 정반대 방향의 조건으로 바꾸는 것이다.

어제까지는 슬픔의 조건으로 받아들였던 일을 기쁨의 조건으로 바뀌게 하는 힘이 바로 깨달음이다. 절망스럽다, 불행하다고 생각했던 사실이 어느 순간 '아 이게 불행의 조건이 아니고 나에게 배움의 기회이고 행복의 조건이구나'라고 알아차리는 것이 깨달음이다. 그러면 자연스럽게 기쁨이 솟아나온다. 웃음의 저장소에 '기쁨'이 차오르는 것이다.

그런데 막상 세상을 살아가면서 그렇게 깨닫고 행동하기가 생각만큼 쉽지 않다. 더러 한순간에 섬광 같은 깨달음이 올 수도 있지만, 그런 기쁨의 순간을 지속하기는 매우 어렵다. 그래서 연습이 필요하다.

웃을 일이 없을 때, 여전히 나를 둘러싼 상황이 답답하게 느껴질 때, 슬픔에서 헤어나오지 못할 때 웃어보는 것이다. 마치 누가 다정하게 내 어깨를 다독이고 쓰다듬어주어 스르르 마음이 열리듯이 말이다. 아무리 힘들었던 사람도 좋은 사람이 진심을 담아서 정성스럽게 쓰다듬어주면 마음이 녹고 고통을 잊게 된다. 그처럼 내가 나 자신을 쓰다듬으며 웃어보는 것이다.

이렇게 밖에서 안으로 기쁨과 밝은 에너지를 쏟아대다 보면 자연스럽게 몸이 반응하기 시작한다. 굳었던 세포들이 풀리고 편안해지고 얼굴이 맑아지고 빛이 난다. 삶의 조건은 그대로이지만 마음이 달라지게 된다.

일부러라도 웃는 것을 자꾸 반복하다 보면, 언젠가 내면의 기쁨과 외면의 웃음이 만나는 때가 온다. 그것이 몸으로 체화되고 삶으로 녹아들게 되면, 많은 일들이 즐겁고 행복하고 감사하고 고마운 것으로 바뀐다. 그리고 삶도 바뀐다. 그래서 매일 서로 웃음을 선사하며 살자는 것이다.

"오늘도 많이 웃으세요."

마음의 근육

"내 인생에 슬럼프란 없다."

이처럼 자신 있게 말할 수 있는 사람이 있을까. 누구나 자신의 삶에서 슬럼프 없이 승승장구하고 싶어 하지만 많은 사람들이 숱한 좌절과 시련을 경험한다.

직장생활을 하면서도 좌절과 시련의 경험이 즐비하다. 남들보다 승진이 늦어진다거가, 야심차게 준비한 일의 결과가 좋지 않다거나 할 때 어깨가 축 처진다.

남과 비교하다 보면 좌절에 빠지기 쉽다. 그 좌절의 시간이 슬럼프로 이어지고, 끝내 그 기나긴 슬럼프에 빠져서 자신을 추스르지 못하는 사람들이 참 많다.

사실 슬럼프는 누구에게나 필연적으로 온다. 잘되면 잘되는 대로, 안 되면 안 되는 대로 슬럼프와 스트레스를 겪는다.

높은 산봉우리를 바라보고 산길을 오르다 보면 제 아무리 건장하고 산행 경험이 많은 사람이라도 목이 타고 다리가 아플 수밖에 없다. '이제 다 왔을까' 하고 바라보면 한참이나 더 가야 해서 마음이 먼저 지쳐버리기 일쑤다. 높은 산에 오르는 사람일수록 그런 순간이 더 자주 온다. 그래서 목표가 큰 사람은 그 큰 목표 자체가 슬럼프의 원인이 된다.

슬럼프가 왔을 때는 어떻게 해야 할까. 우선 속도를 늦추거나 잠깐 멈춰 서야 한다. 그리고 그 기회에 휴식을 하면서 내면의 근육을 더 단단히 만들어야 한다.

그런데 슬럼프가 깊을 때는 그만큼 더 긴 멈춤이 필요하다. 하루 멈춰서 안 되면 이틀 멈추고, 이틀 멈춰서 안 되면 사흘 멈추며 쉬었다 간다. 그도 안 되면 먼 여행을 떠나, 익숙한 공간에서 한동안 벗어나 있는 것도 좋다.

물론 나에게도 슬럼프는 있다. 그러나 최근 몇 년 간은 '슬럼프'라는 말 자체를 잊고 산 듯하다. 예전이라면 슬럼프라 여겼을 법한 일도 근래에는 하나의 도전이고 숙제이고 풀어야 할 문제이자 즐겨야 할 대상이라고 받아들인다.

슬금슬금 슬럼프가 다가오려고 하면 '아, 지금 나에게 명상이 더 필요한 모양이구나'라고 받아들이고 숲길을 걷거나 조용히 나를 들여다보는 시간을 갖는다. 그러면 몸과 마음이 편안해지면서 스스로 답을 얻게 된다.

'그거 아무것도 아니야. 내려놔. 아니면 네 마음의 우물을 더 깊게 파서 그것들을 쓸어담아.'

이렇게 스스로 되뇌며 털어낸다.

누구나 슬럼프라는 위기의 강을 건너야 할 때가 있다. 그때 찾아오는 절망을 짊어지지 말고 탁 내려놓아야 한다. 자신의 몸과 마음이 피폐해지지 않도록 스스로 보듬어야 한다. '나는 왜 꺾였을까' 하면서 자신을 질책하고 남을 탓하기보다는 자신을 어떻게 다스리고 이겨 나갈 것인가에 더 신경 써야 한다.

넘어진 김에 쉬어간다는 말이 있잖은가. 이런 기회를 자신과 주위를 돌아보는 시간으로 삼으면 자신의 마음 근육이 한층 더 단단해질 수 있다.

시련은 곧 성장통이다. 사회생활에서 상처, 실패, 평가절하, 모멸감, 낭패, 질책을 당할 수 있다. 작가라면 더 이상 한 줄의 문장이 나오지 않아 절망할 수 있다. 야구선수로 치면 어제의 타격왕이 한참 동안 변변한 안타 하나 치지 못하고 타석에서 물러나야 할 때도 있다. 그런데 그런 상처나 좌절의 시간을 견뎌내 다시 일어나지 않으면 프로가 될 수 없다.

넘어지는 것도 기술이다. 자꾸 넘어져봐야 일어서는 법도 알게 된다. 그만큼 긴 인생을 놓고 보았을 때 슬럼프도 재산이다. 단 전제가 있다. 어쨌든 그 슬럼프의 강을 스스로 건너야 한다. 그 강을 잘 건너려면 몸의 근육만으로는 안 된다. 바윗돌보다 강한 마음의 근육이 필요하다. 마음의 근육이 단단한 사람은 어떤 환경에서도 자기 길을 갈 수 있다.

한순간, 잠깐 멈추기

"저는 일에 욕심이 많습니다. 그런데 자꾸만 앞서서 걱정을 하고 두려워합니다. 두려움을 이기는 방법은 무엇인가요?"

한 강연장에서 만난 분이 이렇게 물어왔다. 나는 그 질문을 받자마자 곧바로 웃으면서 짧게 대답해 주었다.

"이 시간 이후부터 걱정하지 말고 사세요."

얼핏 너무 쉽게 나온 것 같은 이 대답은, 그러나 결코 쉽게 나온 답이 아니었다. 내 삶의 한 결론이었다. 거창하지도 복잡하지도 않은 이 간단한 삶의 해답을 실천하기가 왜 그리 어려운 걸까. 하루하루 삶 속에서 어떻게 하면 걱정하지 않고 살 수 있을까.

언젠가 '사람들이 노력에 비해 낮은 성과를 거두는 이유'에 대한 연구 결과를 읽어본 적이 있다. 이유는 간단했다. '실패에 대한 두려움' 때문인 것으로 밝혀졌다. 사람들은 무슨 일을 시작하기 전에 실패의 순간부터 머릿속에 그린다. '이 일이 잘못되면 어떡하지?' '내가 실패하면 사람들은 나를 어떻게 볼까?'

사실 괜찮은 상황이었음에도 이와 같이 부정적인 선입견 때문에 마음이 불안해져서 새로운 일에 의욕적으로 나아가지 못하는 것이다.

실제로 미국의 미시간 대학에서 비슷한 조사를 한 적이 있다. 이 조사 결과도 사람들의 걱정거리 중 80퍼센트는 실제로 일어나지 않는다는 결과가 나왔다. 나머지 20퍼센트만이 실제로 일어났는데, 그중에서도 80퍼센트는 그 사태가 일어나기 전에 철저히 준비했더라면 해결할 수 있는 문제들이었다. 우리를 행동하기 어렵게 만드는 것은, 실패 자체가 아니라 실패에 대한 두려움인 것이다.

"나는 오랜 세월 살아오면서 걱정거리들이 많았는데, 그것들 대부분은 절대로 일어나지 않은 것들이었다."

미국의 대표적인 작가 마크 트웨인의 말이다.

중요한 일을 앞두고 그 일을 시작하기도 전에 두려움이 생길 때가 있다. 지레 심장이 뛰고 머리에 두통이 생긴다. 가령 박빙의 승부를 앞둔 운동선수들은 늘 겪는 일일 것이다. 실제 경기를 앞두고 심적 부담이 클 수밖에 없다. 골프 경기에서 마지막 한 퍼팅에 엄청난 상금이 걸려 있다면, 웬만한 강심장이 아니고는 떨릴 수밖에 없다. '떨면 안 돼'라고 마음을 다잡을수록 더 떨리고 더 긴장된다.

명상은 일상의 연장선에서
마음을 고요하게 다스리는 '마음 쓰는 법'의 훈련입니다.
그 시작은 호흡입니다.
의식을 한곳으로 모아 내쉬고 들이쉬는
호흡법 하나만으로도
마음의 소음은 사라지고 침묵의 소리가 들립니다.
내 안에 고요와 평화가 찾아옵니다.

이럴 때 필요한 것이 깊은 호흡이다. 승부를 하기 전, 잠깐 멈추고 호흡을 가다듬는 것이다. 그것이 명상이다. 한순간의 짧은 명상!

한국 야구의 영웅으로 불리는 메이저리거 박찬호 선수도 승부의 압박감 속에 남모르게 긴 슬럼프를 겪었다고 털어놓은 적이 있다. 메이저리그라는 세계 최고 수준의 '전쟁터'에서 '코리안특급'이라는 모국의 엄청난 기대와 관심을 지켜야 하는 과정에서 말할 수 없는 부담과 스트레스를 받았을 것이다.

그가 어느 방송 인터뷰에서 했던 말이 떠오른다. "그 긴 슬럼프 기간에 제가 마음을 다스리는 명상을 하지 않았다면 극단적인 선택을 했을지도 모릅니다."

박찬호 선수는 108배를 하며 명상을 한다고 한다. 그 명상을 통해서 마음을 가다듬으면, 관중석의 온갖 소리에도 신경 쓰지 않고 차분하게 공을 던질 수가 있다고 한다.

이처럼 인생의 경기장에서 '내가 잘 할 수 있을까'란 생각에 두렵고 떨리는 순간은 누구에게나 있다. 제 아무리 뛰어난 사람에게도 말이다. 그럴수록 잠깐 멈추어 크게 호흡하고 마음을 가라앉히면, 점차 마음의 에너지가 모아진다. 또 지속적으로 일상 속에서 일정한 시간 잠시 멈추어 마음을 다독이면 긍정적이고 평온한 상태가 오래 유지될 수 있다.

화가 끓어올라 욱할 때도 딱 1초 동안 호흡을 가라앉히면, 분노의 불길이 사그라진다. '불행하다, 미치겠다' 하는 마음이 일어날 때도 잠깐 멈추면, 평화, 고요함, 의연함을 경험하게 된다.

〈깊은산속 옹달샘〉에는 걷기 명상에서 징소리가 날 때 잠시 멈추어 서고, 밥을 먹다가 종소리에 따라 잠시 멈추는 시간이 있다. 이 모든 것이 잠깐 멈추고 내려놓는 연습을 하는 것이다. 한순간, 잠깐 멈추는 것만으로도 인생이 바뀔 수 있다.

건강해야 하는 세 가지 이유

건강의 중요성에 대해서는 말 그대로 아무리 강조해도 지나침이 없다. 흔히 '건강을 잃으면 모든 것을 잃는다'고 하지만, 실제로 건강을 잃어보기 전까지는 그다지 실감을 하지 못한다. 남의 일처럼 여기며 살다가 어느 날 갑자기 몸이 망가졌을 때 땅을 치며 후회한다. 그러나 그때는 이미 늦다.

나도 건강을 잃고서야 비로소 건강의 중요성을 깨달은 사람 중 하나다. 그 전까지는 정말 몸을 전혀 돌보지 않고 일에만 매달려 살았다. 〈아침편지〉를 시작하기 전, 대통령 연설문을 작성한 5년 동안 딱 사흘 정식 휴가를 받아 쉬었다. 그러다가 어느 날부터인가 몸에 마비가 오는 이상 증상이 나타나기 시작했다.

온몸이 돌처럼 굳었고 몸이 무거워 밤마다 잠을 이룰 수가 없었다. 겨우 잠들어도 아침엔 일어날 수가 없었다. 식은땀이 흥건했다. 그런 시간이 6개월이나 흘렀다. 결국 고개도 돌리기 어려울 만큼 몸이 굳어버리자 위기감이 엄습했다.

'아, 이러면 큰일나겠구나. 더 이상은 어렵겠구나.'

그때 '살기' 위해 시작한 것이 마라톤이었다. 처음부터 마라톤을 바로 시작한 것은 아니었다. 첫날은 러닝머신 위에서 30분을 걷는 것으로 시작했다. 하루에 5분씩 늘려서 얼마 지나자 60분을 걸을 수 있었다. 그 다음에는 5분 뛰고 55분 걷고, 다음날엔 10분 뛰고 50분 걷고 해서 60분을 뛸 수 있게 되었을 때 마라톤을 시작했다. 너무나 절박했던 만큼 토요일 오후면 만사를 제쳐놓고 달렸다.

조금씩 거리를 늘려가며 마라톤에 익숙해질 무렵, 참으로 신비로운 변화들이 생겨나기 시작했다. 돌처럼 굳었던 몸이 풀리고 식은땀을 더 이상 흘리지 않게 되었다. 몸이 힘들 때는 모든 일에 의욕을 갖기 힘들었는데, 몸이 조금씩 회복되면서 새로 시작할 수 있겠다는 희망이 생겼다.

그러면서 내가 왜 건강해야 하는지에 대한 답을 찾았다. 건강해야 하는 이유를 비로소 분명히 깨달을 수 있게 된 것이다.

우리가 왜 건강해야 하는가? 첫째, 하루하루 일상의 삶을 잘 살아가기 위해서 우리는 건강해야 한다.

나에게 있어서 '일상'은 〈아침편지〉를 쓰는 일이다. 어느덧 11년째를 훌쩍 넘기고 있는데, 에너지가 많이 들어가는 작업이라 어지간한 체력이 아니면 버티기 힘들다. 〈아침편지〉를 잘 쓰기 위해서도 나는 매일매일 건강해야만 한다. 내 건강이 무너지면 나는 그날부터 〈아침편지〉 쓰는 일을 내려놓아야 한다. 나의 '일상'이 무너지는 것이다.

누구에게나 저마다의 '일상'이 있다. 의사의 일상은 환자를 돌보는 일이다. 자기 몸이 건강하지 않은 의사가 환자를 잘 돌볼 리 없고, 건강하지 않은 신부님이 미사를 잘 드리기 어렵다. 주부는 본인뿐 아니라 가족의 건강을 위해서도 건강해야 한다. 주부가 건강할 때 지은 밥과 몸과 마음이 무너졌을 때 지은 밥은 확연히 다르다.

둘째, 사랑하는 사람도 건강해야 한다. 그래야 사랑을 잘 할 수 있다. 사랑을 하고 있는 사람은 이제 혼자 몸이 아니다. 내가 건강하지 않으면 사랑하는 상대방이 힘들게 된다.

다른 사람을 사랑하는 데는 엄청난 에너지가 필요하다. 기력이 부족하면 사랑도 하기 힘들다. 제 몸도 가누기 힘든 상황에서 다른 누군가를 사랑하고 배려하기는 어렵기 때문이다. 더구나 그 사랑이 이타적인 사랑, 영혼의 사랑으로까지 확대되는 것이라면, 더 큰 에너지가 필요하다. 그런데 건강하지 않으면 사랑을 내어주기는커녕 오히려 남의 도움을 받아야 하는 처지가 된다.

셋째, 꿈너머꿈을 가진 사람도 건강해야 한다.

나 혼자서 잘 먹고 잘 살겠다는 것은 다른 사람의 행복과 아무 상관없는 혼자만의 꿈이다. 그런 자기중심적인 꿈이 순화되어 '다른 사람도 잘 먹고 잘 살게 하고 싶다'는 이타적인 방향으로, 즉 내 꿈이 다른 사람의 삶을 이롭게 해나가는 방향으로 진화하는 것이 내가 늘 말하는 꿈너머꿈이다.

그런 꿈너머꿈이 있는 사람에게도 엄청난 에너지가 필요하다. 어지간하지 않으면 쉽게 무너지게 된다. 건강하지 않으면 한 걸음도 나아가기가 힘들다.

꿈이 자라날수록 건강은 더더욱 중요해진다. 그래서 몸을 돌보는 것은 단지 건강에만 머무는 것이 아니라, 삶을 돌보는 일이고 또한 꿈을 키우는 일이기도 하다.

빛나는 그대의 눈빛

　사람을 볼 때 가장 먼저 보는 곳이 어딜까? 바로 눈이다. 눈빛만 보아도 그 사람을 알 수 있다. 그만큼 눈은 첫인상에 가장 크게 영향을 미친다. 상대의 맑고 촉촉한 눈을 보면 누구나 마음이 열린다. 자연스레 호감도 느낀다. 또 건강한 열정을 뿜어내기에 함께 일하고 싶어진다. "눈이 맑다" "눈이 살아 있다" "눈이 빛난다"는 말만큼 좋은 칭찬도 없을 것이다.

　이와 달리 탁한 눈, 흐린 눈, 핏발 선 눈에는 호감이 가지 않는다. 특히 눈을 마주치지 못하거나 눈동자가 심하게 흔들리는 사람과는 큰일을 같이 하기 어렵다. 사랑을 나누기는 더더욱 힘들다.

　눈은 마음의 창, 영혼의 창이다. 그래서 상대가 나를 좋아하는지 싫어하는지도 눈을 보면 알 수 있다. 금세 속마음을 들키기 쉽다.

특히 사랑하는 사람끼리의 눈은 속일 수가 없다. 온통 상대에게 집중하는 눈은 별처럼 빛나고 이슬 머금은 풀잎처럼 촉촉하다. 그러나 생각이 상대에게 모아지지 않고 여러 갈래로 흩어지면 눈에서도 빛이 메마르고 거칠어진다.

연인끼리 다투면서 하는 말이 있다. 서로 미덥지 않을 때 하는 말이다.

"내 눈을 똑바로 보고 말해."

이때 정말 사랑하는 마음이 아닐 때는 눈빛이 흔들리고 만다. 속일 수가 없다. 입으로는 사랑을 말해도 눈으로는 아니라고 고백을 한다. 설렘과 환희로 빛나던 눈에서 빛이 사라지고 흐려졌다면, 이미 사랑이 떠난 것이다.

사람의 눈은 별처럼 빛나야 한다. 호수처럼 맑아야 한다. 그러나 과연 가능한 일일까?

결론부터 말하면, 충분히 가능하다. 어떻게? 진실된 사랑은 사람의 눈을 항상 빛나게 한다. 좋은 꿈을 가진 사람의 눈도 그러하다. 모든 것이 늘 새롭고 경이롭고 벅차다. 사랑이 사라졌을 때 세상의 빛이 다 사라진 듯, 사랑의 눈에서도 빛이 사라진다. 그러나 다행스럽게도 우리 눈에는 사랑의 아픔을 씻어내고 위로할 자연 치유제가 있다. 바로 눈물이다.

실컷 울고 나면 조금씩 아픔의 장막이 걷히기 시작한다. 깊은 슬

눈은 마음의 수로(水路)입니다.
사랑, 미움, 믿음, 거짓, 기쁨, 분노……
그 모든 마음의 물줄기가 눈빛에 흐릅니다.
상대의 눈을 바라보면서
서로 눈밖에 나지 않도록 노력하는 것,
사랑과 믿음의 수로를 넓혀가는 길입니다.

품 속에서 다시 자신의 삶을 추스르기 위해 뜨거운 눈물을 흘릴 때, 눈빛은 더욱 깊어진다. 순간 우리의 영혼은 한 뼘 더 자라 있다.

눈물은 영혼만 치유하는 것이 아니라 우리의 몸도 치유한다. 보통 간에 열이 있으면 얼굴이 상기되고 핏발이 생긴다. 이때 눈물로 열을 가라앉힐 수 있다. 이런 경우 가능하다면 펑펑 우는 것이 좋다. 눈물이 나오지 않을 때는 억지로라도 울면 열이 금방 내린다.

눈은 대상을 보며 마음을 감지하고 몸의 건강을 살피는 통로이지만, 역설적으로 눈을 보호하기 위해서는 눈을 자주 감아야 한다. 많은 것을 보고 느끼느라 피로해진 눈을 자주 감아야, 맑아지고 촉촉해지고 빛이 난다.

이렇게 눈을 감는 것을 명목(瞑目)이라고 하는데, 잠시 조용히 눈을 감는 것만으로도 마음이 가라앉고 명상이 된다. 단 10분 동안 눈을 감고 명상을 하고 다시 떴을 때 세상은 달리 보인다. 한층 더 깊어지고 지혜로워진다.

몸이 말을 걸어올 때

시도 때도 없이 다리에서 진동을 느끼는 사람이 있었다. 점점 증상이 심해져서 병원을 찾았는데, '유령진동 증후군'이라는 희귀한 진단을 받았다. 유령진동 증후군은 일종의 환각 증상인데, 반복된 스트레스 등으로 감각이 예민해져서 뇌가 오해하는 현상이라고 한다.

원인은 휴대전화였다. 평소 전화기를 진동으로 해놓고 바지 주머니에 넣고 다녔는데, 언제인가부터 오지도 않은 전화가 온 것처럼 진동을 느끼게 된 것이다.

요즘 많은 사람들이 휴대전화를 자기 몸의 일부처럼 갖고 다니게 되면서, 이로 인한 신경증적 증세들도 더불어 생겨났다. 휴대전화 울리는 소리가 자꾸 들리는 듯해서 수시로 확인해 보는 사람도 적지 않다. 혹시라도 휴대전화를 집에 두고 밖을 나선 날이면 하루 종일 안절부절 못하는 사람들도 많다. 디지털 세계의 문명의 도구가 긴장과 피로감을 낳고 이와 같은 강박증까지 불러왔다. 정신적 스트레스가 몸의 이상 증상으로 이어진 것이다.

이처럼 신경이 예민해지고 스트레스가 심해질 때일수록 조심해야 한다. 이때야말로 자기 몸을 잘 살펴야 한다. 몸이 보내는 신호에 주의를 기울여야 한다.

몸이 말을 걸어올 때가 있다. 속이 더부룩하다거나, 어딘가 결린다든가, 감기라든가, 얼굴 빛깔이 달라진다든가, 무언가 종전과는 다른 신호로 말을 걸어온다. 바로 "제발 몸 좀 챙겨줘" 하는 신호다.

그런데도 우리는 대부분 이런저런 이유로 무심하게 지나쳐버린다. 몸이 보내는 정직한 신호를 몇 차례 무시하고 나면, 자칫 엄청난 대가를 치를 수도 있다.

소설가 박완서 선생은 『호미』에서 이렇게 말했다.

"젊었을 적의 내 몸은 나하고 가장 친하고 만만한 벗이더니 나이 들면서 차차 내 몸은 나에게 삐치기 시작했고, 늘그막의 내 몸은 내가 한평생 모시고 길들여온, 나의 가장 무서운 상전이 되었다."

우리가 수시로 자신의 몸을 세심하게 돌봐야 하는 이유다. 몸이 고장나면 아무것도 할 수가 없다.

지금 당장 큰일을 이뤄야 하는데 몸이 고장나 있으면 큰일을 접을 수밖에 없다. 건강을 잃은 바람에 가던 길을 멈추거나 꿈을 접는 사람들이 무척 많다. 〈깊은산속 옹달샘〉의 여러 프로그램을 진행하다 보면 한창 일할 나이에, 한창 꿈을 펼칠 나이에 몸이 뜻대로 따라주지 않아 힘들어하는 이들이 적지 않다.

건강은 건강할 때 챙기라는 말을 많이 들었을 것이다. 그러나 대부분 '남의 이야기'로 흘려들었을 것이다. 특히 젊은이들일수록 그렇다. '건강할 때 챙기라'는 말은 몸의 신호를 잘 지켜보라는 뜻이다. 사람의 몸은 고맙게도 큰 고장이 나기 전에 반드시 어떤 신호를 보내준다. 그것을 잘 살피는 것이 먼저다.

그리고 몸의 신호가 왔을 때는 겸허하게 받아들이고 성의껏 대꾸를 해주어야 한다. 무시하면 안 된다. 다른 일은 일단 접어두고 그 몸의 신호부터 살피고 돌봐야 한다. 그 첫 단계는 휴식이다. 몸만 쉬는 것이 아니고 마음까지 함께 잘 쉬어주어야 한다.

몸이 말을 걸어올 때가 있다. 처음에는 아주 작은 소리로, 나중엔 큰 소리로. 그래도 끝내 응답이 없으면 천둥 벼락 같은 소리로. 그처럼 큰소리가 나기 전에 내가 먼저 말을 거는 것도 한 방법이다.

"그동안 미안했어, 몸아!"

"앞으로 더 잘 귀기울여 들을게!"

가야금의 기러기발,
'계속 만져주어라'

〈아침편지〉에서 작은 음악회를 연 적이 있었다. 그 첫 연주자가 가야금 연주자인 이슬기 님이었다. 이슬기 님은 젊지만 가야금 연주에서 독보적인 존재로, 그녀의 어머니인 문재숙 이화여대 교수는 중요무형문화재 23호 '가야금 산조 및 병창' 보유자이기도 하다.

어머니의 피를 이어받은 듯 탁월한 연주 실력에 연주자의 맑은 감성이 더해져 참으로 감동적이고 재미있는 음악회를 진행했다.

그날 나는 맨 앞자리에 앉아 연주자와 가장 가까운 곳에서 공연을 볼 수 있었다. 그 덕에 연주자의 코 끝에 맺힌 땀방울, 순간순간의 섬세한 표정까지도 생생히 볼 수 있었다. 감동이 두 배로 느껴졌다. 그런데 이슬기 님이 가야금 연주를 하면서 한 곡 한 곡 끝날 때마다 안족(雁足)을 만지는 것을 보게 되었다.

가야금에는 '안족'이라 불리는 부분이 있다. 우리 말로는 '기러기발'이다. 오동나무로 통을 만들고 명주실(비단)로 12개의 현을 만들고 벚꽃나무로 안족을 만든다. 몸체에서 12개의 줄을 띄워 받치는 역할을 하는 것이 바로 안족이다.

피아노나 바이올린도 조율 과정을 거쳐 연주를 시작한다. 하지만 중간중간에 악기를 조율하는 모습은 보지 못했다. 가야금 연주 중에 안족을 만져가면서 조율하는 모습이 새로웠고, 그 이유가 궁금했다.

마치 나의 궁금증을 알아차리기나 한 듯 연주자가 그 부분에 대해 설명을 곁들였다.

"가야금은 자연물로 만들어진 악기라서 조명빛에도 금방 줄이 늘어지고 당겨집니다. 그래서 계속 만져줘야 합니다."

그러고는 계속 안족을 만져가며 신명나게 연주를 했다. 듣는 사람들은 미처 느끼지 못하는 미세한 음률과 음색을 연주자가 순간순간 느끼고 조금씩 만져가면서 연주하는 것이 놀라웠다. 작은 변화마저 감지하고 조율하는 감각이 정말 대단하다는 생각이 들었다. 완전히 자신의 손끝에 녹아 있지 않으면 하기 어려운 일이다.

그날 음악회를 마치고 돌아오면서, 사람의 마음에도 기러기발이 있다는 생각을 해보았다. 가야금 악기보다 더 섬세한 것이 있다면, 바로 사람의 마음이다. 아무리 굳은 결심을 해도 순간순간 달라지는 것이 마음이다. 너무 좋아서 붕 떠 있다가 다시 바닥으로 곤두박질치면서 우울하고 무기력해지기도 한다.

　마음의 변화가 심하면, 몸에도 급격한 변화들이 일어나 건강이 나빠지고 일상생활에도 문제가 생긴다. 몸과 마음은 떨어져 있는 것이 아니라 서로에게 영향을 미치는 탓에 늘 적절하게 조율해 주어야 한다.

　이날 가야금 연주자가 한 말 가운데 가장 인상적인 말은 "계속 만져줘야 합니다"였다. 몸과 마음도 가야금의 기러기발을 만지듯 늘 귀 기울이고 어루만져주고 편안하게 다독여주어야 아름다운 음악처럼 살아갈 수 있다는 뜻으로 들렸다.

오래 슬퍼하지 마라

게오르규의 소설 『25시』는 본인의 의지와 상관없이 전쟁의 소용돌이에 휘말린 한 남자의 이야기다. 루마니아의 작은 시골 마을에서 농사를 짓던 모리츠. 그는 어느 날 난데없이 유대인으로 몰려 체포된다.

아무리 루마니아인이라고 주장해도 그의 말에 그 누구도 귀기울이지 않는다. 어쩔 수 없이 헝가리로 가지만 이번에는 루마니아인이라는 이유로 고문을 당한다. 독일로 보내져 독일군이 되지만, 프랑스 포로를 구출하면서 연합군 진영으로 흘러가게 된다. 그곳에서 영웅으로 대접받던 모리츠는 어느 날 갑자기 적성국가의 시민이라는 이유로 수용소에 갇히는 신세가 된다.

13년간 여러 수용소를 거치며 고초를 겪은 모리츠에게 소설가 트라이안이 위로처럼 들려준 말은 이랬다.

"어떤 공포도, 슬픔도, 끝이 있고 한계가 있어요. 그러니 오래 슬퍼할 필요가 없어요."

이 말은 여전히 고통을 겪고 있는 모리츠에게 특별한 의미로 다가왔다. 모리츠처럼 전쟁터와 포로수용소 같은 극한의 상황을 겪는 것은 아닐지라도, 아니 정도의 차이는 있을지언정 누구나 생각지 못한 고통과 좌절을 겪는다. '왜 내게만 이런 일이 생기는가.' 때로는 운명이 원망스럽기도 하다. 그러나 고통의 시간이 영원하지 않다는 것은 진실이다. 지혜의 멘토 솔로몬은 이런 말을 해주었다.

"다 지나가리라."

다윗 왕이 큰 전쟁에서 승리를 하고 돌아온 뒤 반지 세공업자를 불렀다.

"전쟁에서 승리하고 돌아왔을 때 자만하지 않고 겸손하며, 전쟁에 패했을 때도 좌절하지 않고 힘이 될 수 있는 문구를 반지에 새겨 넣으라."

이 명령을 받은 반지 세공업자는 몇날 며칠을 고민하다 솔로몬을 찾아가 지혜를 구했다. 이야기를 다 들은 솔로몬은 반지에 다음과 같이 새기라고 말해 주었다.

"이 또한 곧 지나가리라."

영원히 지속되는 것은 없다는 말이다. 인생을 살다 보면 돌멩이에 걸려 넘어지기도 하고, 배신감에 치를 떨 때도 있다. 실연으로 숨을 쉴 수 없을 만큼 고통스러울 때도 있다. 그러나 그 아픔도 시간과 함께 어느덧 사라져간다.

다만 '지나가는' 시간이 좀 필요하고, 그 시간을 넘어서기 위해 '마음의 힘'이 필요할 뿐이다. 큰 태풍이 불수록 발바닥을 지면에 더 단단히 디뎌야 하듯, 공포와 슬픔이 클수록 마음을 더 단단히 먹어야 한다.

고통 속에서도 꿈을 가진 사람은 결코 꺾이지 않는다. 제2차 세계 대전이 한창이던 때 유대인 의사 빅터 프랭클은 아우슈비츠 수용소에 수감되었다. 지옥보다 끔찍한 그곳에서 그는 아우슈비츠의 수감자들을 관찰하기 시작했다. 그리고 중요한 사실을 발견했다. '가치 있는 목표를 가진 사람이 살아남는 확률이 높다'는 것이다. 그는 강제수용소에서의 이러한 경험을 바탕으로 '로고테라피'라는 심리치료 이론을 주창하게 된다.

나도 사회적으로 경제적으로 바닥을 경험한 시절이 있었다. 세상이 끝난 것 같고, 나만 고통스러운 것 같았을 때 유일한 희망은 꿈을 꾸는 것이었다. 그리고 그때 꾸었던 꿈을 이제 현실로 만들고 있다.

그때의 경험을 돌이켜보면, 고통을 주었던 모든 일이 기가 막힌 꿈의 자원이 되었다. 고통 속에서 견디는 힘을 키웠던 것이 나를 더 단단하게 했고, 살기 위해 희망의 싹에 물을 주면서 꿈은 점점 자라날 수 있었다. 그때 얻은 건 '꿈은 고통을 먹고 크는구나' 하는 깊은 깨달음이었다.

슬프고 힘든 일,
분명 반갑지 않은 '불청객'이지만
어떻게 받아들이냐에 따라 '고마운 벗'이기도 합니다.
더 즐겁고 기쁘게, 더 열심히, 더 감사하게 만들고,
슬프고 힘든 일이 아니면 끝내 모르고 말았을
'더 깊이 사랑하는 법'을 알게 해주었으니까요.

고통과 고난의 과정은 그 사람만의 이야기가 된다. 삶의 이야기가 풍부해야 그가 지은 노래도 사람을 울린다. 가수 임재범 씨가 〈나는 가수다〉에서 화제가 되었는데, 노래를 잘해서이기도 하지만 그에게 남다른 스토리가 있기 때문에 사람을 감동시키고 눈물짓게 한 것이다. 똑같은 노래를 해도 그냥 노래를 잘했다고 박수를 받는 사람도 있고, 사람들을 감동시키고 눈물을 철철 흘리게 만드는 사람도 있다. 바로 그 스토리 때문이다.

그러니 지금 괴로운 일을 만났다 해도 오래 낙심하거나 슬퍼하지 말라. 곧 지나간다. 지나가면 순간이라는 걸 알게 된다.

모진 비바람 속에서도 나무가 성장하듯, 그 시간과 과정이 모두 삶의 경험이 되고 자산이 된다. 나 역시 그것을 깨달은 뒤 이제는 웬만한 일에 흔들리지 않는다. 그래서 아침지기들도 강인하게 키운다.

'그래 힘들겠구나. 그래도 괜찮아, 별것 아니야.'

먹구름이 올 때마다 우울증에 걸리면 살 수 없다. 어떤 일이 있을 때마다 고통을 받는다면 잘 살아갈 수 없다. 날씨가 변화무쌍하듯 삶의 날씨도 시시때때로 바뀐다. 분명한 것은 먹구름이 영원하지 않다는 사실이다. 그 어떤 삶의 먹구름도 곧 지나간다는 것, 우리에게 삶이 주는 긍정의 메시지다.

슬픔을 삼킨 음악

"브람스의 음악은 슬픔을 삼킨 음악이다. 슬픔을 표시하지 않고 눈물을 안으로 삼키는 모습이 그의 음악을 듣는 이로 하여금 더욱 슬픔에 젖게 한다."

한 연주회에서 브람스에 대해 소개한 내용이었다. 그는 과연 어떤 슬픔을 삼켰던 것일까.

브람스는 평생 독신으로 살았다. 한 여인을 사랑했지만, 세상에 소리쳐 말할 수 없는 사랑이었다. 운명의 연인은 바로 스승인 슈만의 아내였다. 브람스는 열네 살 연상인 클라라 슈만을 본 순간 우주가 멈추는 운명적인 사랑에 빠졌다. 그러나 감히 사랑한다고 말할 수 없는 대상이었다. 그러다가 스승 슈만이 세상을 떠난 후 브람스는 30년간

클라라 슈만을 헌신적으로 보살폈다. 그리고 그녀가 죽자 눈물을 삼키며 말했다.

"내가 평생에 걸쳐 사랑한 유일한 여인이 세상을 떠났다."

사랑도 이런 사랑이라면, 평생을 걸 만할 것이다. 브람스가 스승의 아내를 연모하고 사랑하면서 그 내면에 얼마나 큰 고통을 겪었겠는가. 주위 사람들에게 입도 뻥긋 할 수 없고 오로지 자신의 가슴속에 깊이 묻고 삼켜야 하는 비밀스런 존재였으니 말이다. 그러나 그 사랑의 고통은 아름다운 음악을 키워냈다. 말하지 못해 사랑을 삼키고, 슬픔을 삼켜 숙성된 사랑이 음악으로 탄생한 것이다.

자신의 슬픔을 삼켜야 할 때도 있고, 누군가에게 속 깊은 이야기를 해서 상대가 삼켜주기를 바랄 때가 있다. 특별한 사람, 사랑하는 사람, 믿는 사람에게 내면의 깊은 속살을 열어 믿음을 확인하는 것이다. 그때 잘 삼켜서 고이 간직하면, 두 사람의 관계는 신뢰와 사랑으로 깊어진다.

자기 일에서도 함부로 떠벌리지 않고 삼키는 사람은 신뢰를 받는다. 의사는 환자의 비밀과 상처를 삼켜야 하고, 기자는 취재원의 말을 죽을 때까지 삼켜 보호해야 한다.

대통령을 모시며 5년 동안 연설문을 쓸 때, 나에게도 평생 삼켜야 할 일들이 많았다. 그분의 인간적인 면모, 그분이 털어놓은 말들을 누구에게도 하지 않았다. 혹시라도 그분에게 누가 되지 않을까 해서다. 그리고 〈아침편지〉를 쓰는 10여 년 동안에도 많은 사람의 상처, 비밀

이야기를 들었지만 혼자 삼켰다. 나를 믿고 한 이야기라는 걸 아니까.

"이건 비밀이야. 다른 사람에게 말하면 안 돼."

이렇게 시작된 이야기가 온 동네에 퍼지는 경험은 누구나 했을 것이다. 그때 느낀 배신감은 크나큰 상처로 남고, 세상에 믿을 사람이 없다는 불신을 갖게 만든다.

사실 가슴에 담고 삼켜서 신뢰와 사랑을 지키는 것은 참 어렵다. 자신도 모르게 내뱉을 수도 있다. 하지만 조용히 삼킴으로써 소중한 이들에게 사랑과 신뢰를 보여줄 때, 그 사람의 인생은 더욱더 빛나게 된다.

단장의 아픔

내 딸아이는 어려서부터 개를 무척 좋아했다. 말을 배우기 전부터 개집에 거침없이 들어가 놀 정도였다.

그 아이가 대학에 다닐 때인데, 어느 날 밖에서 통곡소리가 들려왔다.

'웬 아이가 저렇게 크게 소리치며 우나.'

그런데 목소리가 어딘가 익숙했다. 혹시나 해서 나가봤더니 딸아이였다. 5년간 애지중지 키우던 개가 차에 치여 죽은 것이다. 딸아이가 차갑게 식어가는 그 개를 끌어안고 울부짖고 있었다. 얼마나 가슴이 아팠으면 그랬겠는가.

사실 내 마음도 많이 아팠다. 그 개는 5년 동안 나에게도 꼬리를 흔들며 반겨주던 한가족이었다. 나도 한순간에 가슴이 칼끝에 에인 듯 진한 아픔이 느껴졌다. 그러니 딸아이는 오죽했을까.

그날 저녁, 눈이 퉁퉁 부은 딸아이를 위로해 주었다.

"만약 사람을 잃었으면 어떡할 뻔했니. 그 녀석이 너에게 잃어버리는 훈련을 시켜준 것이라 생각해라. 네가 너무 좋아하는 개의 죽음을 통해서 잃어버리는 경험을 하게 해서 진짜 귀중한 사람을 잃었을 때 네가 무너지지 않게 연습시킨 거라고 생각해. 마음 추스르고 잘 묻어줘라."

딸아이는 고개를 끄덕이면서도 연신 눈물을 뚝뚝 흘렸다.

사랑하는 대상을 잃는다는 것은 지독한 아픔과 슬픔을 불러온다. 이럴 때 '단장(斷腸)'이란 말을 쓴다. 창자가 끊어진다는 뜻이다. 부모 자식 간이든 연인 간이든 친구 간이든 창자가 끊어질 정도로 슬픈 이별과 상실의 아픔을 나타낸다.

단장의 이야기는 중국 진나라 때로 거슬러 올라간다. 진나라와 촉나라의 전쟁 중에 한 병사가 새끼원숭이 한 마리를 배에 싣자, 그 어미 원숭이가 배를 쫓아 백여 리를 뒤따라오며 슬피 울었다. 배가 강어귀가 좁아지는 곳에 이르자 그 어미 원숭이가 몸을 날려 뛰어올라 그 자리에서 죽고 말았다.

죽은 원숭이의 배를 가르자 창자가 토막토막 끊어져 있었다. 새끼를 잃은 슬픔이 어미 원숭이의 창자를 갈기갈기 끊어놓았던 것이다. 딸아이도 졸지에 개를 잃고 단장의 아픔을 맛보았을 것이다.

〈아침편지〉 여행에서 단장의 고사를 낳은 양쯔강 상류 협곡을 방문한 적이 있다. '호도협'이라 불리는 곳인데, 바로 그 즈음에 큰 슬픔의 현장을 또다시 만났다.

중국은 산아제한으로 대부분의 사람들이 아이를 하나씩만 낳는다. 그런데 그 일대에 큰 지진이 일어나 학교가 무너지고 수많은 아이들이 목숨을 잃은 것이다. 그 앞에서 오열하는 부모들을 보고 너무나 가슴이 아팠다. 어린 자식이 고통 속에 죽어간 땅을 바라보는 부모의 처참한 심정을 어떻게 말로 다 표현할 수 있겠는가.

단장의 아픔은 우리 역사에도 수없이 많았다. 〈단장의 미아리고개〉는 그런 슬픔을 표현한 대표적인 노래다. 이 노래는 한국전쟁 종전 후인 1956년 발표된 트로트 곡이다. 작사가 반야월은 어린 딸을 피난길에 잃은 개인적 경험과 연결지어, 미아리고개에서의 이별이라는 주제로 가사를 썼다.

"미아리 눈물 고개 님이 떠난 이별 고개"로 시작되는 이 노래의 가사는 매우 구체적으로 역사적 상황을 애달프게 담고 있다. 남편은 철사로 손을 묶이고 맨발로 다리를 절면서 자꾸만 뒤를 돌아보며 북한으로 끌려가고, 부인은 십 년이 가도 백 년이 가도 기다릴 테니 남편이 살아서 돌아오기만을 바란다는 내용이다.

한편 단장의 아픔은 사랑하는 사람을 잃었을 때만 나타나는 것이 아니다. 『난중일기』를 보면 이순신 장군이 "곽란 때문에 밤새 고생했다"는 기록이 많이 나온다. 그에게도 창자가 끊어지는 듯한 고통과 아픔이 수없이 반복됐기에 극심한 구토와 설사를 의미하는 곽란이 멈추지 않았던 것이다.

단장의 아픔은 사랑하는 대상이 있는 사람에게만 온다. 그것이 어떤 일일 수도 있고 사람일 수도 있고 동물일 수도 있고 나랏일 수도 있다. 중요한 것은 '진짜 사랑'하는 대상이 있는 사람에게 나타나는 증상이라는 점이다. 혹시 사랑하다 절절하게 아프다면, '아, 내가 진짜 사랑하고 있구나' 하고 알 수 있다. 아픔은 고통이지만, 인생에서 그런 대상이 있다는 것은 감사한 일 아닌가.

실제로 단장이 되면 죽는다. 그래서 단장과 같은 아픔이 올 때, 더 큰 고통과 슬픔을 견디게 하는 삶의 연습으로 생각하고, 내면의 근육을 키워야 한다. 그러면 그의 영혼은 어떤 슬픔과 고통 앞에서도 주저앉지 않고 오히려 더욱 깊어진다.

다시 한 번만 안아볼 수 있다면

보고 싶은 마리나,
네가 우리 곁을 떠난 그날부터
너를 얼마나 그리워하고 있는지 아무도 모를 거다.
다시 한 번만 널 안아 볼 수 있다면,
그저 몇 분만이라도 내 얼굴을 보고
네 목소리를 들을 수만 있다면
더 이상 2001년 그날을
원망하지 않을 게다.

브라이언 커티스의 『사랑하라, 더 뜨겁게 사랑하라』에는 9·11 테

러로 사랑하는 이를 잃은 사람들의 편지가 담겨 있다. 세월이 흘렀지만 가슴에 남아 있는 추억과 그리움을 먼저 떠난 이들에게 띄우는 헌사다.

2001년 9·11 테러는 전 세계를 충격으로 몰아넣었고, 사랑하는 이를 잃은 사람들의 사연에 모두 가슴 아파 했다. 그 당시 화제를 불러 일으켰던 것 중 하나는 죽음을 앞둔 사람들이 급하게 걸었던 전화의 내용들이었다. 그 안에 담긴 수많은 메시지의 내용은 한결같았다.

사랑해.
미안해.
고마워.

가슴에 품고 있었지만, 바빠 사느라 미처 하지 못한 말이었을 것이다. 혹은 생의 마지막 순간 그 어떤 말보다 절실하게 전하고 싶은 고백이었을 것이다.

2001년 9월 11일은 많은 사람의 사랑을 갈라놓은 운명의 날이기도 했다. 누구에게나 이별은 그렇듯 청천벽력처럼 예기치 못한 순간에 온다. 아무리 보고 싶어도 다시는 볼 수 없고, 다시는 안을 수도 없게 된다. 함께하는 시간은 오직 살아 있는 동안만 가능하고, 사랑하는 동안만 누릴 수 있는 삶의 축복이다.

얼마 전 아는 분이 갑작스런 교통사고로 아이를 잃었다는 소식을 들었다. 자식을 앞세운 부모에게 감히 어떤 위로의 말을 건네야 할지 생각나지 않았다. 그저 참담한 심정으로 그분의 이야기를 들었다. 그분이 눈물을 흘리며 말했다.

"아이가 나가기 전에 심하게 야단을 친 것이 견디기 힘듭니다. 아니 그보다 더 마음이 아픈 것은 한 번도 사랑한다는 말을 해주지 않았던 거예요."

어찌 사랑하지 않았겠는가. 어찌 한 번도 사랑한다는 말을 해주지 않았겠는가. 다만 가슴에 가득한 그 사랑을 기억에 남을 만큼 다정하게 전하지 못했던 것뿐이다. 그리고 갑작스럽게 보낸 뒤에 그것이 못내 안타까운 것이다.

우리는 사랑하면서도 사랑을 표현하는 데 인색하다. 가장 가까이 있는 사람에게 어쩌면 우리는 가장 가슴을 열어 보이지 않는지도 모른다. 이럴 때 좋은 방법이 있다. 자연 속에서 함께 걷고, 평화로움을 공유하고, 그 좋은 기분을 서로에게 표현해 보는 것이다.

〈깊은산속 옹달샘〉의 걷기 명상에는 미처 말하지 못했던 사랑을 전하게 해주는 묘약이 있다. 갈등이 깊었던 한 모녀가 걷기 명상에 참여했는데, 서로 눈을 맞추지 않았다. 그런데 천천히 걷다가 "사랑합니다" "감사합니다" 입을 연 순간, 누가 먼저랄 것도 없이 가슴속 앙금이 녹아내렸다. 모녀는 서로를 안고 한참 눈물을 흘렸다.

"앞으로 함께 산에 다녀야겠어요. 맛있는 것도 함께 먹으러 다니고요."

함께 걸어보라. 멀기만 했던 마음의 거리를 좁힐 수 있다.

마음이 열렸을 때 그 사람을 꼭 안고 사랑한다고 말하라. '다시 한 번만 안아볼 수 있다면' 하는 후회가 가슴을 치기 전에.

유쾌한 주파수를 보내라

누구나 자기만의 주파수가 있다. 오직 그 사람만의 빛깔과 향기와 분위기가 있어서 그가 나타나면 주위가 금세 밝아지기도 하고 어두워지기도 한다. 주변을 향기롭게도 하고 매캐하게 만들기도 한다.

데이비드 호킨스 박사는 『의식혁명』에서 의식의 수준을 0에서 1,000까지 수치화해서 분류한 '의식의 지도'를 보여주었다. 200 이하에는 화, 수치심, 분노, 두려움 같은 부정적인 감정이 있다. 그 수치가 200 수준을 넘어서면 용기, 자신감, 사랑 같은 긍정의 단계로 올라선다. 그리고 700이 되면 평화, 1,000에 이르면 깨달음의 단계다. 예수, 부처가 여기에 해당한다.

이러한 의식 수준은 사람을 만날 때마다 어느 정도 일정한 기운으로 느껴진다. 그래서 왠지 같이 있고 싶은 사람, 왠지 싫은 사람이 있다. 자괴감, 우울증, 절망감 등에 사로잡힌 사람은 가는 곳마다 부정적인 주파수를 내뿜는다. 그런 사람과 있으면 마음이 무거워져서 오래 함께하기가 힘들다. 한편 사랑과 배려로 남에게 따뜻한 기운을 주는 사람이 있다. 그런 사람과 함께 있으면 절로 힘이 나고 기분이 좋아진다.

그렇다고 한 사람에게 늘 똑같은 기운만 흐르는 건 아니다. 우리의 마음이 천국과 지옥을 수시로 오가는 탓에 긍정적인 기운과 부정적인 기운이 수없이 반복된다. 평화로운 단계에 머물다가도 안 좋은 일이 생기면 한순간 툭 떨어진다. '설마 내 의식 수준이 20 정도밖에 안 되겠어?'라고 생각하지만, 20 이하로 떨어지기도 한다. 한순간에 일어난 분노를 이기지 못할 때, 두려움에 빠질 때다.

이처럼 우리 개개인은 고유의 진동이 있고, 그 진동은 수시로 변한다. 우리 마음속의 분노, 원한, 미움의 파장이 의식 수준을 결정하는 것이다. 불같이 화를 내며 분노를 터뜨리는 순간, 나 자신뿐 아니라 다른 사람에게도 부정적인 파장을 일으킨다. 한 사람의 파장이 주위를 파괴적으로 만들기도 하고 평화롭게 만들기도 한다.

마음을 다스려 의식의 수준을 높이는 데는 여러 가지 방법이 있다. 명상, 기도, 독서, 좋은 주파수의 사람들과 어울리는 것 등이다. 마음의 단계, 주파수를 높이는 것은 오직 자신의 몫이다. 내가 먼저 좋은 주파수를 만들어 주위에 보내면, 나에게 돌아오는 주파수도 좋아진다.

'유쾌한 주파수를 보내자.'

오늘 하루를 즐겁게 살고, 인생을 행복하게 만드는 가장 쉬운 방법이다. 자신과 주위에 긍정적인 파장을 보내고 싶다는 마음부터 세우면 기운이 긍정적으로 변화하기 시작할 것이다.

"잠들면 안 돼, 거기 뱀이 있어!"

"행복이란 하루 중에 행복한 시간이 얼마나 되느냐에 따라 결정된다. 하루 중에 기분 좋은 시간이 길면 길수록 행복한 거고, 기분 좋은 시간이 짧으면 짧을수록 불행한 것이다."

프린스턴 대학의 심리학과 교수이자 노벨상 수상자인 다니엘 카너만의 행복에 대한 정의다. '행복'이란 개념이 손에 만져질 듯 구체적으로 느껴진다. 하루 중에 기분 좋은 시간을 어떻게 늘려가느냐에 따라 행복은 바로 내 앞에서 미소 짓고 있을 테니까.

그런데 기분 좋은 시간이란 과연 어떤 상황에서 오는 것일까.

미국의 언어학자 다니엘 에버렛은 브라질 중부 아마존 정글의 피다한 사람들과 30여 년을 함께 살았다. 그 경험의 기록인 『잠들면 안 돼. 거기 뱀이 있어』에 다음과 같은 이야기가 나온다.

"굳이 깊은 아마존 정글이 아니더라도 우리 삶에는 고난과 위협이 곳곳에 도사리고 있다. 피다한 사람들은 자신들이 처한 환경에서 살아남기 위해 잠을 자지 않는 불편한 생활을 선택했다. 그럼에도 그들은 그러한 상황을 여유롭고 유쾌하게 즐긴다."

그들이 늦은 밤까지 모여 놀다가 헤어질 때 하는 인사가 있는데, 바로 "잠들면 안 돼. 거기 뱀이 있어"라는 것이다.

그들은 정글의 뱀 때문에 밤잠을 깊이 잘 수 없어 몇십 분, 길어야 두 시간도 채 안 되는 쪽잠을 잔다. 그런데도 그들은 그런 환경을 불평하거나 걱정하는 게 아니라 춤추고 노래를 하며 보낸다. 밤잠을 안 자고 어떻게 살아갈 수 있을까 싶어도 그 누구보다 밝고 긍정적이며 행복하다고 한다.

그들의 행복도가 어느 정도인지 궁금했던 MIT 두뇌인지과학부 연구원들이 검사를 하고 다음과 같은 결과를 발표했다.

"우리가 지금까지 조사한 사람들 중에서 피다한 사람들이 가장 행복한 사람들로 나타났다. 앞으로도 이들을 이길 만한 집단은 나타나지 않을 것 같다."

판단의 지표는 여러 가지였지만, 그중 하나가 피다한 사람들이 웃는 시간이 평균 얼마나 되는가를 수치로 측정한 것이었다. 그 결과 다른 그 어떤 집단과 비교할 수 없을 만큼 높은 수치를 나타냈다고 한다.

웃음은 행복을 표현하는 징표가 된다. 웃는 시간이 많다는 것은

다 가졌기 때문이 아닙니다.
다 이루었기 때문이 결코 아닙니다.
아직도 모자라고 이루고자 하는 것이 많지만
지금 내 앞에 있는 것에 감사하며 사는 것입니다.
내가 하는 일, 내가 먹는 밥, 내가 얻은 사랑에
감사하면 행복은 저절로 따라 옵니다.

다니엘 카너만의 표현을 빌리자면, '기분 좋은 시간이 길다는 것이고 그만큼 행복하다'는 것이다.

잠조차 잘 수 없을 만큼 열악한 환경도 어떻게 받아들이는가에 따라 행복의 조건으로 바뀌게 된다. 피다한 사람들은 '행복은 이런 것이다'라는 생각조차도 없이, 인간은 원래 행복한 존재임을 웃음을 통해 증명하고 있다.

그런데 우리는 늘 '불행한 이유'들을 먼저 늘어놓는다. 마치 불행할 수밖에 없음을 증명이라도 하듯 말이다. 그러면 우리에게 주어진 기분 좋은 시간, 행복한 시간을 놓치게 된다. 커피 한 잔을 앞에 두고 향기에 취하고, 해맑게 웃으며 달려가는 아이의 천진함에 미소짓고, 자상하게 길을 일러주는 낯선 이의 작은 친절에 고마워하는, 기분 좋은 시간들을 잃게 된다.

지금 남보다 가진 것이 적은 것 같고, 지금 하는 일이 시시할 수도 있다. 돈도 안 되고 사람들이 알아주지도 않는 일일 수도 있다. 그러나 지금 하는 일을 나에게 주어진 가장 큰 선물이라고 생각하면, 하루가 행복하고 그 다음날도 행복할 수 있다.

일이 마음에 들지 않을 때는 불평만 할 게 아니라, 그런 직업마저 없는 사람을 떠올려보라. 불만족스러운 상황에 처했을 때 최악의 경우를 가정하면 모든 것이 좋은 것이고 잘된 일이 된다. 하나하나가 다 덤이고 최선의 결과가 되는 것이다. 지금 주어진 결과를 '최악의 경우'에서 얻어낸 '최선의 것'이라 생각하면, 삶의 모든 것이 감사의 조건으로 바뀐다.

　내일 일은 아무도 모른다. 그러나 '좋은 일이 있을 거야'라는 믿음과 희망을 품고 가는 사람과, 걱정과 불안감과 공포심을 품고 가는 사람의 발걸음은 크게 다를 수밖에 없다. 누구라도 밝고 긍정적인 사람에게 손을 내밀고 싶지 않겠는가. 그래서 웃으면 웃을수록, 기분 좋은 시간으로 마음을 바꿀수록, 어느새 불행의 시간은 사라지고 행복의 시간이 내 삶 속에 자리하게 된다.

네번째 춤
천천히 자연의 품에서 걷기

....

숲속 새소리를 듣는 것이 창조의 순간입니다. 생명력이 넘치는 아름다운 음악이 탄생하는 순간이니까요. 작은 들꽃, 우뚝한 나무 한 그루 바라보는 것이 예술입니다. 직관의 통로를 거쳐 멋들어진 그림이 될 수 있으니까요.

숲길을 걸으면 시인이 된다

어릴 때 코스모스는 어디서나 볼 수 있는 흔한 꽃이었다. 그런데 언제부터인가 우리 주변에서 어느덧 사라져가는 꽃이 되고 말았다. 그것이 안타까워 옹달샘 주변에 몇 군데 코스모스 밭을 만들었는데, 그것을 바라보는 재미가 쏠쏠하다.

코스모스 싹이 그렇게 앙증맞은지도 처음 알았고, 꽃이 가을에 피는 줄 알았더니 여름에도 핀다는 걸 알게 되었다. 다 커서 피는 줄로만 알았더니 작고 연약한 대에서도 꽃봉오리가 맺혔다.

자연은 그 자체로 늘 아름다움과 경이로움을 안겨준다. 그런데 지난 세월 마냥 줄달음치느라, 그저 앞만 보고 달리느라 그 아름다움을 놓치고 살았다. 코스모스가 어떻게 피고 지는지도 모르고 계절이 어떻게 지나가는지도 모르고 산 것이다. 새소리가 들리는지, 연한 새싹이 굳은 땅을 뚫고 얼마나 세차게 솟아오르는지, 하얀 눈을 가득 안은 나무의 자태가 얼마나 위대한지 전혀 몰랐으니, 지난 시절을 돌이켜 보면 아쉽고 억울하기 짝이 없다.

시간에 쫓겨 감성도 사랑도, 생명의 물기까지도 건조해지는 메마른 삶을 살았다는 것이 안타깝다. 그래서 요즘 자연 속에 사는 하루하루가 더 값지고 소중하게 느껴지는지도 모른다.

숲길을 걸으면 땅에서 정말 많은 것들이 말을 걸어온다. 풀포기들, 약초, 나무들이 사시사철 꽃피고 열매 맺으며 새로운 모습으로 말을 걸어온다. 햇살 좋은 날 다르고 비 오는 날 다르고 안개 낀 날이 또 다르다.

또 너무 급히, 너무 빨리 달리느라 듣지 못했던 소리가 들려온다. 조용할수록 더 잘 들린다. 비가 걸어오는 소리도 듣게 되고, 나무 위로 지나는 바람과 나의 귓가를 스치는 바람의 두께가 다르다는 것도 알게 된다. 고요한 가운데 나무가 물을 빨아들이는 소리도 들을 수 있다. 자기 안에 태고적 고요함을 품으면 사람과 자연은 하나가 되는 것이다.

숲길을 걷다 나무를 껴안고, 입술이나 이마를 대본 적이 있는가. 수십 년 수백 년, 숱한 세월의 풍상을 견뎌온 나무가 나직하고 조용하게 속삭인다.

"괜찮아, 괜찮아."

그 위로에 어느새 몸은 자연으로 돌아가고 마음은 평화로워진다.

바이칼 호수의 에피슈라

'바이칼 얼음 호수 위에 앉아 명상을 하고 싶다.'

그것은 오랫동안 가슴 깊이 간직했던 꿈이었다. 그리고 그 꿈을 사람들과 함께 이루기 위해 2005년 '바이칼 명상 여행' 답사를 떠났다.

그때 사람들은 의아한 눈빛으로 물었다.

"왜 하필 바이칼 호수인가요? 그것도 겨울에……."

"영하 20~40도 맹추위의 겨울 호수를 왜 찾아가는 겁니까?"

누구에게나 겨울이 있다. 어둡고 춥고 긴 고난의 터널이 있다. 이때는 겨울을 비켜서려 하지 말고 차라리 '겨울의 심장'을 찾아나서는 것이 좋다.

그 겨울의 심장에 서서 나는 누구이며, 어디에서 왔고, 어디로 가

'싱싱한 변화'를 꿈꾸며
미지의 세계로 떠난 사람은
'육지'로 돌아올 생각을 말아야 합니다.
그래야 비로소 새로운 땅을 찾을 수 있습니다.
누군가 한 사람이 먼저 자리를 비우면
많은 사람들이 새로운 땅에서
새 빛을 볼 수 있습니다.

는지를 묻고 자연의 대답을 한번 들어보는 것, 그것이 다가올 봄을 준비하는 길이기도 하다.

바이칼 호수는 '시베리아의 푸른 눈'이라 불린다. 그만큼 푸르고 상서로운 기운과 맑음을 자랑한다.

2,500만 년의 신비를 간직한 바이칼 호수는 지구의 찬란한 자연유산이다. 세계에서 가장 깊고, 저수량도 세계 최대다. 지구상 모든 사람이 40년 이상을 마실 수 있을 만큼.

바이칼 호수의 가장 큰 특징은 물이 수정처럼 맑다는 것이다. 그 깊고 큰 호수가 바닥까지 들여다보일 만큼 맑다. 약 330여 개의 강이 바이칼 호수로 흘러든다. 그런데 밖으로 나가는 수로는 앙가라 강 하나뿐이다.

이처럼 많은 양의 강물을 품으면서 어떻게 바이칼 호수는 그 오랜 세월 맑음을 유지하는 걸까.

그 해답은 '에피슈라'에 있다. 에피슈라는 바이칼에 살고 있는 작은 새우다. 육안으로 보면 미세한 모래알갱이처럼 작아서 잘 보이지 않는다. 현미경으로 봐야만 비로소 새우 모양의 에피슈라들을 확인할 수 있다.

바로 그 에피슈라들이 호수를 더럽히는 이물질을 다 삼켜서 정화시킨다. 어떤 강력한 약품이나 전기 등을 이용해서 물을 정화시키는 것이 아니라, 육안으로도 보이지 않는 그 작은 생명체들이 물을 맑게 하는 정화의 주인공인 것이다.

바이칼 호수에서 만난 이 에피슈라는 나에게 강한 영감을 주었다.

'내 영혼의 우물에도 에피슈라가 필요하다.'

바이칼 명상 여행에서 얻은 화두였다.

가뭄이 들면 보통 우물은 바싹 마른다. 흐르던 강물도 끊기고 연못의 바닥도 갈라진다. 영혼도 마찬가지다. 마음이 메마르면 영혼의 우물에 물이 고이지 않는다.

정신의 샘! 영혼 깊은 곳에 꿈과 희망의 물줄기가 넘치듯 흘러야 영혼의 우물에 물이 고인다. 영혼의 우물이 바이칼처럼 깊을수록 그 어떤 가뭄에도 마르지 않는다. 거친 사막도 옥토로 바꾸고, 외딴 섬도 아름다운 꽃밭으로 만든다.

그보다 더 중요한 것이 있다. 그 깊은 영혼의 우물이 맑음을 유지할 수 있도록 끊임없이 정화시켜 나가야 한다는 사실이다. 우리 영혼의 우물 안에는 온갖 것이 담겨 있다. 눈물과 땀방울, 그리고 누군가가 퍼 담아준 상처와 아픔도 있다.

내 영혼의 우물을 늘 맑게 해야 한다. 그러려면 우리 영혼에도 '에피슈라'가 살아 있어야 한다. 잘 보이지도 않는 작디작은 생명체이지만 끊임없이 움직여서 영혼을 정화시켜야 한다. 바로 우리에게 '명상'이 필요한 이유다.

휴(休)

어느 유명 골프선수가 긴 슬럼프에 빠져 있을 당시 이런 말을 했다.
"아버지는 나에게 운동하는 법을 알려주셨지만 휴식하는 법은 가르쳐주시지 않았습니다."

그래서 슬럼프를 이겨내기가 어렵다는 고백을 했다. 최고의 골프선수에게도 휴식이 얼마나 중요한지를 알려주는 말이다. 높은 산에 오르는 사람일수록 쉼이 필요하다. 쉬지 않고 오르기만 하면 어느 순간 갑자기 강제로 멈춰 서게 되는 순간이 온다. 쥐가 나거나 심각한 근육통으로 가던 길을 멈추고 도전을 포기해야 하는 상황이 벌어질 수도 있다.

지금은 살벌한 경쟁의 시대여서 사람들은 남보다 더 열심히 뛰려고 애쓴다. 그래서 시간에 쫓겨 주위를 둘러볼 여유조차 없이 달려나 간다. 사람이 시간을 관리하는 게 아니라 시간이 사람을 쥐고 흔든다. 이른바 '시간병'에 걸리는 것이다.

이는 마치 시간이 달아나는 것 같아서 가속 페달을 밟으며 시간을 따라잡으려는 강박증이다. 그 시간병이 몸과 마음에 병을 일으키고 인생을 나락으로 몰고 간다.

속도와 경쟁만으로 인생의 승자가 될 수 없다. 열심히 달리는 중에도 틈틈이 잠깐 멈추어 휴식의 시간을 만들어야 슬럼프, 위기의 순간을 이겨낼 수 있다. 몸과 마음이 방전되어 한 걸음도 뗄 수 없는 상황이 오지 않도록 미리 충전하는 것이다. 더 멀리 더 오래 가기 위해서다.

흔히 휴식을 취한다고 하면, 가만히 드러눕거나 게으름을 피운다고 생각하기 쉽다.

"휴식은 게으름과는 다르다. 여름날 나무 그늘 밑 풀밭 위에 누워 속삭이는 물소리를 듣거나 파란 하늘에 유유히 떠가는 구름을 바라보는 것은 결코 시간 낭비가 아니다."

『성찰』의 저자 존 러벅의 말에 공감한다.

휴식은 게으름이 아니라 오히려 부지런히 사는 사람에게 주어지는 선물이다. 맑은 물소리를 들으며 지친 몸과 영혼을 씻어내고, 떠가는 구름을 보며 잃어버린 나를 다시 찾는 것이다.

생활 속에서 휴식이란 어떤 걸까. 머리를 많이 쓰는 사람, 책을 보는 사람은 운동하는 게 휴식이다. 그러나 운동선수에게 운동은 휴식이 아니라 또 하나의 고된 일이다. 운동을 많이 하는 사람은 오히려 책을 보는 게 휴식이다.

밖에서 일하는 사람은 실내에 들어가는 게 휴식이다. 한창 더울 때, 에어컨이 있는 은행 같은 곳에 가서 시원한 바람을 쐬고 오는 게 최고의 휴식이다. 하지만 그 시원한 바람도 너무 오래 머물면 휴식이 될 수 없다. 잠시 있다가 밖으로 나가는 게 휴식이 된다.

도시에 사는 사람들은 때로 바쁜 생활을 내려놓고 숲으로 가야 한다. 그렇다고 숲에서만 너무 오래 머문다면 그것 또한 휴식이 아니다. 그것은 은둔자의 몫이다. 다시 자신의 생활공간인 도시로 나와야 삶의 활력을 되찾는다.

이처럼 휴식이란 자기 삶의 에너지를 보완해 주고 충전시키는 것이다. 자신이 머무는 시간과 공간을 잘 운용하면, 이것도 휴식이 되고 저것도 휴식이 된다. 나아가 어떤 사람에게는 이것도 놀이고 저것도 놀이가 된다. 반대로 어떤 사람에게는 평생 이것도 일이 되고 저것도 일이 된다. 그래서 나는 아침지기들에게 이런 메시지를 준다.

"24시간 일하고, 24시간 놀자."

때와 장소에 관계없이 휴식하고 에너지를 얻을 수 있도록, 지금 자신에게 필요한 휴식은 어떤 모습일지를 그려보자.

땅 위를 걸어라!
죽어가는 사람도 살아난다

"사람의 치유에 가장 좋은 진동수는 자연 에너지의 진동수이다. 두통이나 소화불량, 걱정, 긴장감이 들 때마다 땅 위에 앉거나 서거나 누워보자. 하루 일을 마친 뒤에도, 힘든 자동차 여행을 마친 뒤에도, 이런 훈련으로 마음을 평온하게 다스려보자.

등이든 엉덩이든 발이든 몸의 불편한 부위가 땅과 만나는 느낌에 집중하는 것이다. 우리의 작은 에너지가 대지의 커다란 에너지와 공명을 일으켜 건강한 대지의 에너지를 닮아갈 것이다."

『땅 에너지를 이용한 자연 치유』의 저자 워렌 그로스맨의 말이다.

워렌 그로스맨은 심리치료사였다. 어느 날 브라질의 환상의 도시 리오로 여행을 갔다가 기생충에 감염되어 알 수 없는 병에 걸리고 말았다. 의사는 청천벽력 같은 진단을 내렸다. 그에게 남은 시간이 일주일 정도밖에 되지 않는다는 것이었다. 사형선고였다.

그에게는 다른 길이 없었다. 남은 삶을 침대에 누워 죽음을 기다리는 것뿐이었다. 그러나 그는 생애 마지막 일주일, 자신이 묻힐 고향을 찾아가듯이 자연으로 들어갔다. 그리고 땅에 누워 몸을 맡겼다. 그런데 기적과도 같은 일이 일어났다. 일주일이 지나고 한 달이 지나도 죽지 않은 것이다. 오히려 몸이 가벼워지고 편안해졌다.

시한부 사형선고를 받았던 그는 자연의 품에서 다시 살아났다. 이 경험을 통해 그는 땅의 위대함, 자연의 치유력을 믿게 되었다. 그래서 단순한 심리치료에서 벗어나 자연치유 연구에 힘을 쏟게 되었다.

자연은 어머니처럼, 어머니의 약손처럼 아픈 곳을 어루만지고 생명의 기운을 불어넣어 사람을 살린다. 산은 말 그대로 '좋은 병원'이다. 몸만 살리는 것이 아니라 마음까지 살려낸다. 깊은 내면의 속살을 맑게 하고 영혼을 치유한다.

아프고 병든 다음에 찾는 것이야 어쩔 수 없겠지만 아프기 전에, 병들기 전에 산을 찾으면 오던 병도 달아난다.

이처럼 땅은 자연치유력을 갖고 있는데, 안타깝게도 우리는 땅을 잊고 산 지 오래다. 흙을 만질 일도 없고 밟을 일도 없어졌다. 땅에서 멀어진 그 순간부터 우리 몸과 마음에 병이 생겨나고 점점 깊어지고 있다.

내가 건강이 무너졌을 때, 가장 먼저 한 것이 걷기였다. 아이가 걸음마를 시작하듯 살기 위해 시작한 운동이 걷기였다. 처음에는 러닝머신에서 5분, 10분 정도 걷다가 점점 시간을 늘려갔다. 처음에는 그것도 힘들었지만, 계속 걸으면서 몸이 조금씩 회복되는 게 느껴졌다. 몸의 변화를 느끼면서, 운동하는 재미도 점점 더 커졌다.

그런데 숲길을 걷기 시작한 뒤 러닝머신 위에서가 아니라 자연에서 좀더 일찍 걷기 시작했다면 더 좋았을 텐데 하는 생각이 들었다. 물론 그렇게라도 걷기를 시작한 덕에, 인생에 중요한 전환점이 되긴 했다. 하지만 숲길을 걷고 달리는 즐거움에는 결코 비길 바가 못 된다. 코끝으로 밀려오는 자연의 향기와 발바닥으로 전해지는 부드러운 흙의 느낌…… 온몸이 깨어나고, 마음마저 가벼워진다. 자연의 품에서 걷기, 미처 누리지 못했던 가슴 벅찬 행복이다.

가까운 숲을 찾아가 흙을 밟아라! 땅 위를 걸어라! 죽어가는 사람도 살아난다.

아침의 시작

기뻐하라.
오늘을 사는 기쁨은 언제 허락될까?
하루가 끝난 뒤에? 아니면 보다 먼 미래에?
당신의 기쁨과 접촉하라.
기쁨으로 당신을 가득 채워라.
기쁨을 바닥까지 실컷 맛본 사람은
신을 만지는 사람이다.

안젤름 그륀의 『하루를 살아도 행복하게』를 읽다가 '기쁨의 바닥에서 신을 만질 수 있다'는 표현에 무릎을 쳤다. 근래 읽은 글 중에 가장 강렬한 문장이다. 기쁨이 어디에서 오는지, 얼마나 깊은 샘물에서 솟아나는 '공짜 선물'인지를 깨닫게 해준다. 기쁨의 바닥을 모르고서 어찌 신을 만난다 할 수 있겠는가. 기뻐하며 오늘을 살아야 한다는 다짐이 절로 생긴다.

째깍, 째깍, 째깍…….

시간은 일정한 간격으로 흘러간다. 누구에게나 일정한 삶의 시간이 주어진다. 그 시간을 비탄과 미움과 이기심으로 채운다면 그만큼 스스로 불행을 끌어안고 사는 셈이다. 그러나 친절과 사랑과 웃음으로 채워간다면 그만큼 늘 행복한 삶을 사는 셈이다.

숨이 멈춘 사람에게는 한 번의 들숨이 목숨을 살리는 기적이다. 타는 목마름에는 이슬 한 방울이 기적의 물이다. 잃고 난 뒤 기적을 발견한들 무슨 소용이 있겠는가. 일상의 가장 작은 것들에 기적이 있다. 삶 자체가 기적이다. 그 기적을 호흡을 통해 경험해 보라.

"숨을 깊이 들이마시고, 공기 중에 있는 모든 축복이 당신의 몸속으로 들어와 세포 하나하나에 퍼지도록 기원하세요. 그리고 천천히 숨을 내쉬면서, 당신 주변으로 많은 기쁨과 많은 평화를 뿌리세요. 숨을 들이쉬면서 하늘과 땅에 존재하는 것들을 들이마시고, 숨을 내쉬면서 아름다움과 풍요로움을 발산하는 겁니다."

파울로 코엘료의 『알레프』에 나오는 말인데, 옹달샘 호흡명상 때마다 훈련하는 아주 특별한, 새로운 방식의 호흡법이기도 하다.

숨을 들이쉴 때 공기와 더불어 축복을 마시고, 숨을 내쉴 때 내 안의 아름다움과 풍요로움을 내뿜는다. 그러면 숨 쉴 때마다 살아 있는 축복의 통로가 되고, 주변은 기쁨과 평화의 향기로 가득찰 것이다.

나는 춘하추동 집필실에 날씨 따라 기분 따라 아로마 향초를 피운다. 로즈마리, 페퍼민트, 일랑일랑 같은 아로마 향이 방에 퍼지면 마치 넓은 꽃밭에 드러누운 듯하다. 시간과 공간이 향기로워지고 〈아침 편지〉를 쓰는 기쁨은 배가된다.

눈을 뜨면 매일 어김없이 찾아오는 아침. 그 아침을 어떻게 맞이할 것인가. 어제 목숨을 잃은 사람에게는 다시 오지 않을 또 하루의 생명이 나에게 주어졌는데, 이 아침을 어떤 마음으로 맞이할 것인가.

아침은 새로운 우주가 열리는 시간이다. 정결한 마음으로 아침을 경배하자. 오늘 하루를 기쁘게 시작하는 것, 살아 있는 자만이 누릴 수 있는 축복이다.

그대 '영혼의 나무'가 있나요?

"아, 잎이 났다!"

지금 옹달샘 '명상의 집' 앞에 있는 산벚나무는 수령이 60~70년 정도 되었다. 산에서 산책을 하다가 발견했는데, 멋지게 휘어진 모습이 한눈에 보아도 무척이나 수려했다. '명상의 집' 앞에 두면 많은 사람의 사랑을 받고 그늘이 돼줄 것 같아서 옮겨 심었는데, 나중에 조경 전문가들의 이야기를 듣고 나서 깜짝 놀랐다.

"제일 무식한 사람이 큰 산벚나무를 여름에 옮기는 겁니다. 그리고 옮겨 심자마자 물을 주는 거예요."

그런데 바로 내가 그렇게 무식한 행동을 한 것이다. 늦은 봄에 산벚나무를 옮겼고, 물까지 주었으니…….

살기 어렵다는 전문가들의 말을 듣고 나니, 맥이 탁 풀렸다. 내 잘못으로 아름다운 나무 한 그루가 제 명을 다하지 못할 거라는 생각에 마음이 아팠다. 그 나무를 위해 기도하며 사람들에게도 이렇게 부탁했다.

"이 나무에게 좀 잘 살라고 이야기해 주세요. 힘내라고 격려도 좀 해주세요."

나무도 '아, 누군가 나에게 좋은 메시지를 보내는구나' 하고 느꼈던 것일까. 간절히 기도하는 마음에 힘을 얻었는지, 하루가 다르게 생생해졌다.

나무와 깊은 교감을 해서, 나무에 인격을 부여하면 또다른 내가 되고 내 친구가 되는 경험을 한다. 걷기 명상 때는 숲속 나무 가운데 나의 나무를 정하고 그 나무와 대화를 한다. 내 마음을 털어놓고 나무의 말을 듣는 것이다.

"너도 삭풍이 심한 곳에서 서 있기 힘들었지? 나도 그랬어. 너도 외롭고 흔들리고 가슴 아프고 그랬겠지. 나도 그랬어. 그래도 넌 한자리에 꿋꿋하게 잘 버티고 있구나. 나도 그랬으면 좋겠어. 가지는 흔들려도 뿌리는 흔들리지 않는 나무처럼 됐으면 좋겠어. 세상 사람들이 다 흔들려도 나는 흔들리지 않는, 너 같은 단단한 나무가 되면 참 좋겠어."

사시사철 자연에 거스르지 않는 모습으로 살아가는 나무를 보면서 위로를 받고 영감도 얻는다. 또 나무는 그날 그날 나의 생각과 희로애락을 읽고 대답해 주는 것 같아서 자꾸만 말을 걸게 된다.

나무의 지혜로움은 인간이 생각하는 것 이상이다. 벌레가 올 것

숲속 새소리를 듣는 것이 창조의 순간입니다.
생명력이 넘치는 아름다운 음악이 탄생하는 순간이니까요.
작은 들꽃, 우뚝한 나무 한 그루 바라보는 것이 예술입니다.
직관의 통로를 거쳐 멋들어진 그림이 될 수 있으니까요.

같으면 향기를 내서 막고, 죽을 것 같으면 씨앗을 많이 만들어서 흩뿌려놓는다. 태풍이 오는지, 멀지 않아 이 동네 소나무가 다 죽을 것 같다든지 하는 것을 바람결에 알고 솔방울을 많이 낸다고 한다. 자연의 섭리를 읽고 자기만의 방식으로 적응하며 사는 것이다.

나무와 교감하는 것은 어렵지 않다. 먼저 나의 나무를 정하는 것이 순서다. 직장이나 집에 있는 작은 정원수도 좋고, 산책길에 만나는 나무도 좋다. 어떤 나무든 나의 나무, 나의 '영혼의 나무'로 정한다. 큰 나무는 크니까 좋고 작은 나무는 앞으로 클 거니까 좋고, 꼿꼿하고 예쁜 나무는 예쁘니까 좋고, 굽고 못생긴 것은 그 모양대로 꿋꿋이 살아남은 생명력이 있으니까 좋다.

어떤 나무든 마음이 가는 나무를 정해서 그 나무와 대화를 해보라. 처음에는 대화가 좀 안 되더라도 다음날 또 가고 또 가서 들으면, 그 나무가 속삭여주는 말을 들을 수 있다. 모든 걸 삼키고 모든 걸 들어주고 때로는 내 영혼 깊은 곳에서 솟아오른 고민을 털어놓을 수 있다. 그리고 대답도 들려주는 '영혼의 나무'가 생기는 것, 변하지 않는 친구를 얻는 것과도 같다.

껍질째 먹자, 뿌리째 먹자

"생식이란 생명력 있는 식물성 영양을 그대로 섭취하는 것을 말합니다. 태양 아래 성장한 영양물은 자연이 준 햇빛, 공기, 물 에너지를 우리의 세포에게 그대로 전해주기 때문에 놀라운 치유력이 생기게 됩니다."

손찬락의 『우리 몸은 자연을 원한다』 중의 한 구절이다.

사람의 몸이 고장 나는 것은 모두 입으로 먹는 음식에서 비롯된다. 자연에서 멀어진 인스턴트 음식, 바쁜 생활에 쫓겨 간단하게 먹다 보니 생긴 영양 불균형, 비만과 변비 등. 건강하지 못한 식생활이 결국엔 병이 되어 몸을 무너지게 한다. 건강을 생각하는 사람에게 생식은 그 대안이 될 수 있다.

식물의 껍질에는 여러 가지 중요한 영양소가 고스란히 들어 있다. 그래서 껍질째 먹으라는 말을 많이 하지만, 현실에서는 가장 무시되고 있는 이야기일 것이다. 농약 때문이기도 하지만 우리가 식물의 껍질을 먹지 않고 산 지가 꽤 오래되어서이기도 하다. 자연에서 버릴 게 없는데도 입에 맞는 것, 혀가 좋아하는 부드러움만 찾다 보니 좋은 것은 다 버리게 된 셈이다.

'장이 건강해지는 식사'는 어찌 보면 해답이 간단하다. 입이 좋아하는 것만을 먹지 않고 장에 좋은 것들을 찾아서 먹는 것이다. 생채식이 그 하나의 대안이 될 수 있고 특히 육식보다 채식이 동양 사람에게 더 좋다고도 한다.

그런데 문제가 하나 있다. 채식이 우리 몸에 좋기는 하지만 각 식물마다 독성을 갖고 있다는 점이다. 우리가 흔히 먹는 야채도 다 마찬가지다. 그래서 한 가지만 먹으면 그 식물의 독성이 오히려 몸에 해가 될 수 있다.

이를 위한 좋은 해결책이 있는데, 다섯 가지 이상의 식물들을 함께 먹으면 된다. 독초가 아닌 식물을 다섯 가지 이상 같이 먹어주면 각 식물들이 가지는 독성들이 서로 해독작용을 하게 된다고 한다.

또 하나 중요한 것은 뿌리째 먹어야 한다는 점이다. 고들빼기, 도라지 같은 것들이 대표적인데, 이 뿌리들에 좋은 성분이 많다. 고들빼기 뿌리는 위장에 아주 좋다. 더구나 다른 식물이 가지고 있는 독성을 제거하는 데도 도움이 된다.

무엇을 먹느냐에 따라 사람이 살기도 하고 죽기도 한다. '살아 있는 음식'을 먹어야 사람이 사는데 갈수록 '죽은 음식'이 우리들의 밥상을 점령해 가고 있다. 그 때문에 많은 사람이 자기도 모르는 사이에 생긴 온갖 질환에 밤낮없이 시달리고 있다.

밥상을 살려야 사람이 살 수 있다. 밥상이 건강의 근원이며, 생명의 뿌리이기 때문이다.

자연이 주는 생명 그대로 껍질째 먹자, 뿌리째 먹자.

옹달샘 30일 밥상

　한때 나는 미식가라 자처할 만큼 좋은 음식을 즐겨 찾아다녔다. 전국 각지의 맛있다는 음식은 안 먹어본 게 없을 정도였다.

　전국으로 강연을 다니다 보면 여러 음식점을 가보게 된다. 그 지역에서 유명하다는 곳도 자주 방문한다. 그런데 대부분의 음식점에서 조미료 등을 지나치게 많이 쓰고 맛도 자극적이다. 그러다 보니 재료가 신선한지 어떤지도 잘 알기가 어렵다. 아마도 좋은 재료라면 원래의 맛을 살리기 위해 그처럼 조미료를 많이 첨가하지는 않을 것이다.

　〈깊은산속 옹달샘〉에서는 음식을 만드는 몇 가지 원칙이 있다. 조미료를 쓰지 않고, 재료를 아끼지 말고, 남기지 않도록 매일 식단을 바꾸는 것이다. 핵심은 몸을 살리는 음식을 만드는 데 있다.

나 자신이 건강을 잃어봤기 때문에 누구보다 건강의 중요성을 잘 안다. 그래서 나의 꿈 가운데 '살아 있는 음식'의 중요성을 널리 알리는 일도 있다. 그 테마 중에 하나가 '옹달샘 30일 밥상'이다.

몸의 건강, 마음의 건강 그리고 사람 관계의 건강은 음식에서 오는 것이 많다. 관계만을 먼저 놓고 보면, 요즘은 먹거리에 대한 신뢰가 많이 무너졌다. 음식으로 '장난치는' 경우가 많아서다. 설마 아이에게도 그렇게 나쁜 걸 줄 수 있을까 하지만, 현실은 그런 믿음을 배반하는 일이 흔하다.

〈깊은산속 옹달샘〉의 식단을 책임지는 사람이 새벽에 도매시장을 갔을 때의 일이다. 이윤을 남기기 위해 가급적 싼 재료들을 찾는 사람들만 보다가 어느 날부터 값이 비싸도 진짜인 것을 찾는 사람들이 나타나자, 시장 사람들이 놀라고 말았다. '옹달샘지기'들이 새벽시장에 나타나 열심히 몸에 좋은 먹거리를 구하는 것이 놀랍고 신기하게 느껴졌던 것이다.

음식을 만드는 데 가장 중요한 것은 재료다. 살아 있는 음식의 기본은 좋은 재료에서 시작되기 때문이다.

가정에서도 마찬가지이지만 거의 모든 식당이 맛을 전부 조미료로 낸다. 식당에 가면 주방에 조미료가 산더미처럼 쌓여 있다. 그러나 육수 하나를 내도 다시마, 무, 양파, 버섯, 멸치, 새우 넣은 것과 조미료로 맛을 내는 것은 천지 차이다. 물론 이렇게 하면 음식에 들어가는 비용 지출에 차이가 크게 날 수밖에 없다. 그런데 돈을 아끼기 위해

육수를 전부 조미료로 쓰면, 죽은 음식을 먹는 것이나 마찬가지다.

인생의 기본 토대는 건강이다. 좋은 음식, 살아 있는 음식을 먹어야 몸도 건강하고, 인생도 건강해진다. 꿈을 향해 가는 데 필요한 추진력도 낼 수 있다. 그래서 〈깊은산속 옹달샘〉 주방에서는 가장 먼저 좋은 재료를 준비하고, 네다섯 가지 반찬 메뉴를 매일 바꿔서 잔반이 없도록 하는 30일 식단을 만들어내고 있다.

이것을 잘 발전시켜 음식학교도 만들고 관심과 재능이 있는 사람들을 모아, 세계에 '옹달샘 30일 밥상'을 보급하는 꿈을 가지고 있다. 이 꿈을 이루기 위해 이미 산에 약초를 심었고 5천 평의 밭에 기본 식자재를 제공할 수 있도록 여러 가지 실험도 하고 있다.

건강하지 않으면 그 무엇도 할 수 없다. 그래서 몸을 살리는 음식, 사람을 살리는 음식을 먹어야 한다. 무엇보다 아이들이 엉터리 음식을 먹고 병에 걸리면, 밝고 건강한 꿈을 꿀 수 없지 않은가.

옹달샘 도토리 와플

"생도토리 가루 1컵과 밀가루 1컵, 베이킹파우더 3티스푼, 소금 1티스푼과 설탕 3스푼이 필요하다. 여기에 달걀 1개와 우유 1컵, 샐러드 오일 3스푼을 넣고, 한데 섞어서 수분이 골고루 스며들게 반죽한다. 그 다음 기름을 바른 냄비에 이 반죽을 넣고 약 200도의 높은 온도의 오븐에서 30분 동안 굽는다. 아니면 같은 반죽을 머핀을 만드는 그릇에 약 2/3만큼 채워 20분 동안 구우면 훌륭한 도토리 머핀을 만들 수 있다."

유엘 기번스의 『야생 아스파라거스 스토킹』에서 일러주는 도토리 머핀 요리법이다. 우리는 아주 오래 전부터 도토리로 묵을 쑤어서 먹었다. 그런데 도토리 머핀 요리법을 보니, 새롭기도 하고 입에 군침이 돌았다.

〈아침편지〉에 이 글을 소개하면서, 이 요리법을 활용해 보겠다고 했는데, 그것이 와플로 탄생했다. 〈깊은산속 옹달샘〉 숲에는 가을이면 도토리가 가득하다. 떡갈나무와 상수리나무가 많아서다. 그래서 개발한 빵이 도토리 와플인데, 인기가 좋다.

〈깊은산속 옹달샘〉 숲에는 온갖 약초와 먹거리가 자라고 있다. 귀한 인진 쑥도 자라고 있어서, 도토리 와플에 인진 쑥을 더해 쑥 와플을 메뉴로 만들었더니 이 또한 인기가 좋았다. 도토리 와플에 배어든 쑥 향이 이만저만 깊은 것이 아니다. 또 몸에도 좋은 약초라, 건강자연식과 간식으로도 손색이 없다.

자연이 키워준 것들을 잘 받아서 새로운 먹거리를 개발해 내면, 우리 몸에도 좋고 맛도 있는 음식들이 나온다. 자연과 인공의 적절한 조합이라고 할까. 몸에 아무리 좋아도 맛이 없으면 먹기가 힘들다. 사람들의 입맛이 까다로워진 탓이다. 그래서 건강한 음식을 많은 사람이 먹기 위해서는 좋은 재료를 찾아내고, 맛과 풍미를 적절하게 배합하려는 노력도 필요한 것이다.

나는 오늘도 〈깊은산속 옹달샘〉을 걸으며 '다음에는 어떤 먹거리를 만들어낼까' 연구하고 있다.

다음엔 '도라지 와플'을 만들어볼까?

단식과 보식

하루 종일 아무것도 먹지 않아본 적이 있는가? 아직 없다면 그런 '비움'의 경험을 꼭 한번 해보기를 권한다. 나는 해마다 한두 차례 단식을 하는데, 그때마다 그 비움의 시간이 나를 얼마나 깊게 만드는지 몸과 마음으로 실감하고 있다.

보통 굶으면 힘이 다 빠져서 아무것도 못할 것 같지만 그렇지 않다. 오히려 쌓였던 피로가 더 잘 풀리고 기운도 넘쳐 활기가 생긴다. 단식을 마친 사람들을 만나면 눈빛이 더 형형해진 것을 보게 된다. 얼굴이 맑고 피부가 고와진 것은 말할 것도 없다.

단식요법의 대가 장두석 선생은 "단식을 하면 몸 곳곳에 낀 노폐물을 태워 영양소로 활용하며 몸 안에 쌓인 독소를 배출하여 활력을 되찾게 된다"라고 말한다.

음식을 먹다가 먹지 않게 되면, 몸 안의 과잉 영양분이나 노폐물, 병든 세포들을 흡수하여 에너지로 삼기 때문에 몸이 가볍고 깨끗해지는 것을 느끼게 된다. 몸안의 더러운 것들이 청소하듯 싹싹 비워지는 것이다.

옛날에는 적게 먹어서 병이 났지만, 요즘은 너무 많이 먹어서 탈이 난다. 옛날에는 너무 많이 움직여서 골병이 들었지만, 요즘에는 너무 움직이지 않고 먹기만 하기 때문에 군살이 많다. 또 스트레스를 받을 때마다 먹는 걸로 풀어서 비만이 되기도 한다.

많이 먹으니까 무거워지고, 무거우니까 덜 움직이는 악순환이 습관으로 이어진다. 이 악순환의 고리를 얼른 끊어버려야 하는데, 그러기가 쉽지 않다. 그 최선의 방법이 단식이다. 단식을 하고 나서 몸과 마음이 가벼워지는 느낌과 행복감, 그 자신감은 다른 무엇에 견줄 것이 없다.

올 봄에 한 프로그램을 진행할 때였다. 50대 여성이 반갑게 인사를 건네왔는데, 몇 달 전 단식 프로그램에 참여한 분이었다. 단식을 하고 난 뒤의 느낌이 무척 좋아서 보식도 열심히 하고 지속적으로 건강관리를 해왔다고 한다. 그래서인지 처음 볼 때보다 훨씬 더 젊고 생생한 기운이 넘치는 것 같았다. 꼭 다른 사람이 되어 나타난 것 같았다.

단식을 하면 우선 쓸데없는 살을 몸이 알아서 없애준다. 그리고 얼굴이 맑아진다. 또 피부를 젊고 탱탱하게 한다. 원리는 간단하다. 늙고 병든 세포가 없어지고 건강하고 젊은 세포가 생겨나기 때문이다.

몸에만 변화가 생기는 것이 아니다. 내면도 정화되어서 마음의 활기가 생긴다. 어떤 사람들은 이런 변화를 '기적'이라고도 말한다. 이러한 놀라운 변화들은 단식을 경험한 사람만이 누릴 수 있는 즐거움이다.

단식이나 다이어트를 하고 난 뒤에 가장 중요한 것은 바로 보식이다. 단식을 한 뒤 바로 일반 식사로 들어가지 않고 미음, 죽, 생식 등으로 마무리해 주는 것을 '보식'이라고 한다.

어떤 의미에서 보식은 단식이나 다이어트보다 중요하다. '단식은 용기있는 사람이면 할 수 있지만, 보식은 지혜로운 사람이 할 수 있다'는 말도 있다. 그만큼 보식이 중요하고 어렵다는 뜻일 것이다.

일주일 동안 단식이나 다이어트를 한 사람이 보식 기간에 닭다리를 먹었다고 생각해 보자(실제로 이런 사람들이 더러 있다). 단식 후 보식에 주의를 기울이지 않을 경우, 단식과 다이어트 효과를 망칠 뿐 아니라, 몸이 더 나빠지고 살이 찌는 요요현상이 일어날 수 있다. 오히려 안 한 것만 못한 결과를 가져오게 된다.

이왕 단식이라는 어려운 과정을 마친 사람이라면 마음을 단단히 먹어야 한다. 단식을 했다고 하면, 주변에서 자꾸 장난을 치거나 괜히 다가와서 "하나만 먹어봐. 맛이 기가 막혀. 이거 먹는다고 별탈 나겠어?" 하면서 꼬드기는 사람이 많다.

보식까지 성공적으로 마친 여성 가운데는 몸이 '리셋(reset)'된 것 같다는 이야기를 하는 경우가 있다. 생리의 주기가 바뀌는 경험을 하기 때문일 것이다. 변비, 생리통과 같은 고질적인 증세가 사라지고 몸이 날아갈 듯 가볍다고 말하는 사람도 많다.

인생을 바꾸고 싶다면, 생활에 변화를 주고 싶다면, 단식을 해보는 것도 효과적인 방법이다. 몸과 마음의 변화를 확실히 느낄 수 있어서다. 단식과 보식은 어쩌면 고통의 체험이지만, 결과는 이처럼 굉장히 달다.

암마

"인도의 아유르베다 전통에서는 몸속에 쌓인 무겁고 독성이 있는 물질을 '암마(amma)'라고 부른다. 그것이 육체에 있든 정신에 있든 구별하지 않는다. 아유르베다에서는 독소가 들어 있는 음식에서부터 독소가 있는 나쁜 생각까지, 전신에 가해지는 모든 스트레스 요인들 때문에 몸에서 점액질이 나온다고 본다. 그리고 이것을 질병의 첫 단계로 여긴다."

알레한드로 융거의 『클린, 씻어내고 새롭게 태어나는 내 몸 혁명』에 나오는 암마에 대한 설명이다.

아침에 일어났을 때 몸 상태와 기분이 어떤가. 혹시 얼굴이나 손발이 부어 있지는 않은가? 부기가 있으면 몸 안에 '암마'가 들어 있다는 증거라고 한다. 임파는 우리 몸에서 매우 중요한 일을 한다. 바로 암마와 같은 독소, 노폐물을 수거하고 제거해서 몸에 쌓이지 않도록 한다. 임파에 문제가 있을 때는 통증, 신경과민, 우울, 불안 등이 나타난다.

말기 암 환자들에게 아주 효과적인 것이 임파 마사지라고 한다. 이 이야기는 임파 계통을 평소에 잘 관리하면 암도 예방할 수 있다는 뜻도 된다. 부드러운 자극과 순환이 임파를 건강하게 한다.

아파본 사람은 몸의 건강이 얼마나 중요한지를 절실하게 안다. 작가 김형경은 건강의 중요성을 이렇게 표현했다.

"몸이 아프던 시기에 문득 글이 써지지 않았던 경험이 있다. 이제는 다른 직업을 가져야 하나 하는 위기감도 느꼈다. 모든 사고 작용이 멎고, 모든 감각이 마비되고, 모든 언어를 잃어버린 듯한 그 정지의 상태는 몸의 건강이 나아지는 것과 비례해서 천천히 회복되었다. 건강이 회복되고 다시 글을 쓸 수 있게 되었을 때, '문체는 곧 육체다'라는 저 유명한 명제를 온몸으로 이해할 것 같았다."

몸이 아플 때는 모든 것이 귀찮고 힘들어진다. 그럴 때면 글쓰기는커녕 숨을 쉬는 것조차도 어렵다. 그러나 동시에, 평소 건강관리가 얼마나 중요한지, 나의 건강을 챙겨주는 사람이 얼마나 고마운지를 깊이 깨닫는 시기이기도 하다.

잘 알려져 있듯이 건강에 문제가 생기는 데는 스트레스가 가장 큰 영향을 미친다.

미국 카네기 멜론 대학의 셸던 코엔 박사는 만성 스트레스에 시달리면 염증반응을 조절하는 기능이 손상돼 질병이 발생하거나 질병의 진행이 촉진될 수 있다는 사실을 밝혀냈다. 그런데 결혼을 했거나 연인이 있는 사람들은 스트레스가 올라가는 상황이 닥쳤을 때 싱글보다 스트레스 호르몬의 분비가 줄어든다는 연구 결과가 나왔다.

이를 연구한 시카고대학 다리오 마에트리피에리 교수는 "결혼은 꽤 스트레스를 일으키는 일이지만 전반적인 삶의 과정에서 든든한 지지자가 있다는 것은 스트레스를 줄이는 완충작용을 하게 된다"라고 설명했다.

혼자보다는 함께 있을 때, 특히 나를 지지해 주는 누군가가 있을 때 스트레스를 덜 받는다는 얘기다.

모든 사람이 다 떠나도 마지막까지 남아서 따뜻이 바라보고 쓰다듬고 어루만지는 누군가가 곁에 있다면, 모든 '아픈 곳'이 녹아내린다. 암마가 있다면, 사랑이 필요하다는 신호이기도 하다.

사랑과 행복의 호르몬

흔히 재채기와 사랑은 속일 수 없다고 한다. 특히 사랑에 빠진 사람의 얼굴은 단번에 표시가 난다. 복사꽃처럼 화사해지고 생기가 넘치고 눈이 반짝인다.

왜 사랑에 빠진 사람의 얼굴은 평상시와 다를까. 바로 옥시토신이라는 호르몬의 작용이다.

《정신신경내분비학 저널》 최신호에는 재미있는 실험 결과가 실렸다. 이스라엘 바르일란 대학 연구팀이 사귄 지 3개월이 안 된 20대 남녀 60쌍을 인터뷰하고 혈액 샘플을 채취했다. 한편 애인이 없는 43명의 혈액 샘플도 채취해서 비교했다. 그 결과 연인들의 옥시토신 농도는 싱글들의 거의 두 배에 이르는 것으로 나타났다.

옥시토신은 사랑에 빠졌을 때, 유대감을 느낄 때, 스킨십을 통해 마구 샘솟는다. 그래서 옥시토신을 사랑의 호르몬이라고도 부른다.

그런데 갓 사랑에 빠져 행복했던 연인 60쌍은 6개월 뒤에도 여전히 서로 사랑하고 있었을까? 바르일란 대학 연구팀은 그들을 추적 관찰했는데, 여기에서도 호르몬과 관련된 결과를 찾아냈다. 실험 때 옥시토신 농도가 높았던 커플들은 여전히 연인 관계인 반면 그렇지 않은 커플들은 헤어진 것이다. '옥시토신의 농도가 연애 기간과 밀접한 관계가 있다'는 사실을 보여주었다.

사랑의 호르몬은 만병의 근원인 스트레스마저 이기게 한다. 옥시토신은 코르티솔로 불리는 스트레스 호르몬에 저항력이 강할 뿐 아니라 진통효과가 있다. 또한 면역력을 증강시키고 상처 치유력도 높인다.

마르코 라울란트는 『뇌과학으로 풀어보는 감정의 비밀』에서 옥시토신에 대해 이렇게 말했다.

"부드러운 접촉을 할 때 감각을 통해 전해지는 좋은 느낌은 옥시토신 때문이다. 옥시토신의 '애무 효과'는 쥐를 대상으로 한 연구를 통해 밝혀졌다. 날마다 부드러운 마사지를 받은 쥐들은 마취 없이 수술이 가능할 정도로 진정된 상태를 보였다. 사람의 경우에도 접촉과 마사지는 옥시토신 생산을 촉진했다. 그야말로 행복의 옥시토신이 '폭포'처럼 쏟아져 나오게 해준다."

다양한 연구 결과, 옥시토신은 남녀가 다정한 대화를 나누고, 부드러운 스킨십을 나눌 때 세 배나 상승한다는 것이 밝혀졌다. 또 명상이나 안마, 마사지 등으로도 올라간다.

명상은 우리의 몸과 마음을 안정시키고 평안하게 하는 힘이 있다. 그래서 긴장과 스트레스, 고통스럽고 부담스러운 상황에 맞닥뜨렸을 때 명상을 하면 잘 이겨낼 수 있다. 예를 들어 직장에서 눈엣가시 같은 사람 때문에 힘든 순간에도 필요하다.

'저 사람만 아니었으면…… 내 인생이 이렇게 힘들진 않을 텐데.'

원망하는 마음이 있고, 밉고 싫은데 계속 봐야 한다면 정말 괴로운 일이다. 이럴 때 상대에 대한 미움을 내려놓고 자신을 추슬러야 한다. 환경은 쉽게 변하지 않는다. 내가 그곳을 떠나지 않는 한 해결되지 않는다. 문제는 어딜 가든 어려움, 괴로움, 갈등은 있게 마련이라는 점이다. 그래서 힘들 때는 스스로 명상 호흡을 하면서 자기 자신을 안정시키고, 자기 분야에서 일류, 최고가 되도록 노력하는 것이 현명하다.

명상은 마음을 한순간에 고요하게 하고 잔잔한 호수 면처럼 만들어낸다. 고요한 명상을 통해서 생겨나는 호르몬이 바로 '세로토닌'이다. 세로토닌이 나오면 마치 마법처럼 슬럼프와 숨 막히는 긴장감을 훌훌 털어낼 수 있다.

햇살, 따뜻한 차 한 잔, 여유, 입가에 잔잔하게 피어오르는 미소처럼 편안해지는 호르몬 세로토닌. 무엇보다도 '사랑과 감사' 이상의 세로토닌은 없다. 사랑과 감사의 시선으로 바라볼 때 세상은 온통 햇살이 비치는 밝은 창가가 된다.

민들레 꽃씨가 되고 싶다

봄날이면 밭둑이나 길거리 모퉁이, 화단에서 쉽게 발견하는 꽃이 있다. 민들레다. 바람이 불 때마다 꽃씨가 홀연히 흩어져갈 때, 그 여행지의 끝이 어딜까 궁금하기도 했다.

나는 민들레 꽃씨가 흩날릴 때마다 김지하 시인을 떠올린다. 김지하 시인은 민주화를 위해 싸우다 오랫동안 옥고를 겪었다. 이 시대 가장 많은 고난을 겪은 인물 중 한 사람이다.

그가 옥중에 갇혀 고초를 겪던 때의 일화다. 작은 독방에서 옴짝달싹 못하는 상황이라 그 절망과 답답함은 이루 말할 수가 없었을 것이다. 그러던 어느 날 감방 창문 틈으로 홀연히 날아든 민들레 꽃씨를 발견했다.

세상과 단절된 외로운 감방에서 만난 민들레 꽃씨는 마치 세상의 소식을 갖고 온 반가운 손님 같았다고 한다. 하지만 죽음과도 같은 감방에서 싹을 틔우지 못한 채 시들어갈 거라는 생각에 더는 마음을 두지 않았다고 한다.

그러던 어느 날 아침 햇살에 눈을 떴을 때, 창틈에서 노랗게 빛나는 무언가를 발견했다. 민들레였다. 춥고 외로운 감방의 창틈에 찬란하게 피어난 생명체를 보자 시인은 통곡했다.

작은 틈새에서도 삶의 뿌리를 내린 엄청난 생명력, 죽음의 공간을 삶의 터전으로 만들어낸 힘을 보면서 시인의 가슴은 흔들렸다. 좁은 감방에서 죽은 목숨처럼 살아가던 시인에게 민들레는 새로운 삶을 상징하는 생명의 메시지였다. 그때부터 그는 '생명운동'을 시작했다. 민들레가 준 영감이 김지하 시인의 인생을 바꾸어놓은 것이다.

봄날이 오면 민들레 꽃씨가 다시 사방에 흩어져 날아다닐 것이다. 그 꽃씨 하나가 누군가의 마음의 창가에 가 닿는다면, 그 사람의 가슴을 울릴 수 있다. 누군가 민들레의 생명력을 느끼는 순간, 살아 있음을 절절하게 깨닫고 다시 살아날 수도 있다.

나도 민들레 꽃씨가 되고 싶다. 누군가의 가슴을 살아나게 하는, 그런 민들레 꽃씨가 되고 싶다.

어느 순간 깨달음을 얻을 때가 있습니다.
아주 사소한 것에서 비롯된 깨달음인데,
삶의 대전환이 이루어지는 순간이기도 합니다.
방금 만난 풀 한 포기, 나무 한 그루가 너무 아름답고
이 시간 마음에 그리는 사람 하나가 그렇게
소중하고 아름다울 수가 없습니다.
세상의 모든 것이 감사하고 아름답게만 보입니다.

다섯번째 춤

꿈의 영토를 넓혀라, 마음의 영토를 넓혀라

내가 먼저 바르게 서야 합니다. 그래야 다른 사람도 바르게 세울 수 있습니다. '내가 먼저'이지만 '내가 중심'은 아닙니다. '다른 사람과 함께 하는 것'이 중심일 때 나의 자존감도 더 깊어지게 되고 내 삶도 더 풍요로워집니다.

꿈을 가진 사람은 고독하다

러시아의 마지막 차르 시절, 스물여덟 살의 도스토예프스키는 안대를 두르고 사형대에 올랐다. 반체제 비밀 독서 클럽에 가담했다는 이유였다. 사격 직전, 사형을 중지하라는 차르의 명령이 떨어졌다. 도스토예프스키는 마치 영화의 한 장면처럼 극적으로 살아났다.

사형대에서 죽음을 앞두었던 도스토예프스키의 심정은 훗날 장편소설 『백치』에 잘 나타난다.

"이 세상에서 숨 쉴 수 있는 시간은 5분뿐이다. 그중 2분은 동지들과 작별하는 데, 2분은 삶을 되돌아보는 데, 남은 1분은 이 세상을 마지막으로 한 번 보는 데 쓰고 싶다."

일상에서 5분은 스치듯 지나가는 짧은 시간이다. 그러나 죽음을 앞둔 5분은 한 사람의 인생을 모두 담아내는 긴 운명의 시간이다. 그 시간은 그 누구도 대신해 줄 수 없는 절대고독의 시간이기도 하다.

도스토예프스키처럼 극적인 순간은 아닐지라도, 인생에서 우리는 많은 순간 절대고독을 경험한다. 누구도 대신해 줄 수 없는 시간, 철저히 홀로 감당해야 하는 순간들이 있다. 나는 대통령의 연설문을 5년 동안 쓰면서 내가 모신 대통령의 절대고독의 순간을 여러 차례 목격했다. 성웅 이순신이 곽란 때문에 불면의 밤을 지샌 것도 아무도 대신해 주지 않는 절대고독 때문이었을 것이다.

대통령이나 영웅에게만 절대고독의 순간이 있는 것은 아니다. 보통 사람들의 일상에서도 절대고독의 순간은 수시로 찾아온다. 나 역시도 10년 넘게 〈아침편지〉를 쓰면서 절대고독의 순간을 수없이 맛보았다.

2010년 4월 23일 꿈에도 그리던 〈깊은산속 옹달샘〉의 개원을 하루 앞두고 충주에서 구제역이 발생했다. 충주시청에서도 대책회의를 열었지만, 뾰족한 방법이 없었다. 모든 준비는 완료되었고, 모든 비용도 지불되었다. 만반의 준비를 마쳤으므로 1만 2천 명이나 모이는 행사를 내일 치르기만 하면 되는 상태였다. 그런데 하필 충주에서 구제역이 발생한 것이다. 서둘러 결단을 내려야 했다.

그날 밤 11시 30분, 눈물을 머금은 결정을 내렸다.

'개원식 무기 연기!'

마치 예전에 톱기사를 5분 만에 쓰던 기자가 된 기분으로 서둘러 밑글을 다시 썼다. 그때 느낀 것이 고독감이었다. 온전히 혼자 판단하고 감당해야 했을 때, 더구나 갑작스레 어떤 일이 벌어졌을 때는 기도할 시간조차 없음을 느꼈다.

'아! 기도는 미리 해야 하는구나.'

꿈을 가진 사람에게는 절대고독의 순간이 올 수밖에 없다. 아무도 가지 않은 길을 가기 때문이다. 처음 길을 만드는 사람이 맞닥뜨려야 하는 숙명의 시간인 것이다. 꿈을 가진 사람, 처음 길을 내는 사람은 도처에 장애물도 많고, 사고의 점핑이 크기 때문에 혼자 동력을 만들어야 한다. 그리고 그 결과에 대해서도 모두 혼자 책임져야 한다. 그때 고독감에 뼈가 시린다.

제주 올레길을 만든 서명숙이 쓴 『꼬닥꼬닥 걸어가는 이 길처럼』에는 절대고독의 강을 건너는 사람의 심정이 잘 나타나 있다.

"사람들은 간혹 내게 묻는다. 이런 아름다운 곳에 사니까 정말 행복하겠다고. 정말 보람 있겠다고. 얼마나 좋으냐고. 근심걱정이 없겠다고. 얼추 맞는 말이다. 행복하고, 보람 있다. 하지만 '세상에서 가장 평화롭고 행복한' 길을 내면서도, 나는 종종 외로워하고, 때로 분노하고, 절망한다. 사랑에 대한 갈증으로 고통스러워한다."

오로지 꿈 하나로 제주 올레길을 처음으로 낸 사람의 보람과 행복은 얼마나 크겠는가. 그러나 그에 못지않은 고독과 고통을 누가 모두 알겠는가. 〈아침편지〉를 쓰고 〈깊은산속 옹달샘〉을 꿈꾸면서도 그때는 잘 몰랐다. 꿈을 꿀 때와 꿈을 이뤄가는 길에서 부딪히는 고독은 그 크기와 깊이가 다르다는 것을.

치열했던 공직생활을 마치고 지친 몸을 추슬러 〈아침편지〉를 시작했고, 2003년에 꿈 이야기 12가지를 썼다. 얼토당토않은 이야기라고 많은 사람이 나를 조롱했는데, 그 열한 번째 꿈 이야기가 〈깊은산속 옹달샘〉이었다. 그 꿈을 이야기했을 때 정말 많은 사람이 나를 비웃었고 심지어 과대망상증 환자인 양 여기기도 했다. 가진 것은 아무것도 없으면서 꿈만 크다는 것이다.

꿈을 향해 가는 사람에게 고독은 피할 수 없는 운명이다. 그러나 내 이야기에 반대하고 조롱하는 사람들을 보면서 오히려 강해질 수 있어야 하고, 그 꿈을 이해하는 사람들 곁에서 에너지를 얻을 수도 있어야 한다. 고독도 누군가의 어깨에 기댈 수 있으면 견뎌낼 수 있는 것이다. 나는 운 좋게도 그루터기 같은 좋은 사람들이 있어서 고독을 이겨낼 수 있었다.

고독을 견디고 씻어내는 것 중에 좋은 것이 바로 눈물이다. 누군가 어깨에 기대어 울 수 있는 사람이 있다면 감사한 일이다. 그가 나를 대신해 줄 순 없지만, 믿고 어깨에 기대 펑펑 울 수 있는 사람 앞에서 눈물을 쏟고 나면 한결 가벼워진다. 그러면 위로받고, 내려놓고, 외로움을 덜고 다시 소생해서, 꿈이 무너지는 대열에 서는 것이 아니라 꿈을 향해 치솟는 대열에 당당히 설 수 있다.

젊음의 특권

청년들이 힘들어하는 시대다. 하루에도 수없이 반복해서 듣는 말은 공부, 성공이 거의 전부이고 무한 경쟁에 내몰려 취업조차 어려운 시대를 살아가고 있다. 그럼에도 불구하고 나는 젊음이 갖고 있는 특권을 놓치지 말기를 당부하고 싶다. 특히 인생의 출발점에서 아주 작은 실패로 삶을 포기하고 주저앉는 젊은이들이 많은데, 그 기로에 선 젊은이들에게 삶이 주는 선물을 내던지지 말라고 이야기하고 싶다.

다른 누구도 아닌 젊은이에게만 주어지는 몇 가지 특권이 있다. 바로 방황과 실패다. 방황한 만큼 성숙해지고, 실패한 만큼 위대해진다. 방황해야 또다른 새로운 길을 찾게 되고 실패해야 또다시 도전할 수 있다.

"살다 보면 누구나 실패할 때가 있다. 결과가 좋지 않을 때도 있다. 그럴 때 절대로 그런 현실에 끌려 다녀서는 안 된다. 엎지른 물 때문에 상처는 크겠지만, 지나간 일은 지나간 일로 잊는 것이 좋다. 그러나 왜 물을 엎질렀는지는 꼼꼼하게 따지고 반성해야 한다. 충분히 반성했다면 그 일은 깨끗이 잊어버려야 한다."

일본 교세라 그룹의 명예회장 이나모리 가즈오는 『왜 일하는가』에서 넘어진 순간에 자신을 돌아보고 다시 출발하는 마음을 들려주고 있다.

누구나 실패할 수 있다. 그건 무언가를 시도했다는 뜻이다. 또 일을 하다 보면 이따금 물을 엎지를 수도 있다. 그건 일하고 있다는 증거이기도 하다. 일하지 않으면 엎지를 물도 없었을 테니까.

엎지른 것은 이미 지난 일이다. 다시 쓸어 담을 수 없다. 그럴 때는 '비싼 수업료 냈다' 생각하고 깨끗이 잊어버리는 게 좋다. 실제로 그 과정에서 이미 배운 것이 있다. 그리고 아주 편안한 마음으로 다시 열심히 일하다 보면 실패의 경험이 새로운 일에 녹아나온다.

실패에 대한 두려움은 뱀의 독과 같아서 삽시간에 온몸에 퍼져버린다. 초기에 잡지 못하면 공포로, 절망으로, 죽음으로 몰고 간다. 고통의 한계는 두려움이 아니라 새로운 도전과 훈련의 접점이다. 극한의 고통은 영혼의 훈련이며, 두려움은 그 훈련에서 지는 것이다. 젊음은 그 훈련의 과정을 거치면서 원석에서 보석으로 빛을 더해간다.

그러나 '젊은 날엔 젊음을 모르고 사랑할 땐 사랑이 보이지 않았네'라는 노랫말도 있듯이, 젊은이들은 현재 자신이 가진 것을 잘 인식하지 못한다. 자기 안에 엄청난 광맥이 숨어 있는지도 모른 채 살아가다 세월이 지난 뒤에나 깨닫는다. 세상의 파도 앞에 두려워하다가, 미래에 대한 불안으로 우물쭈물하다가 많은 시간을 보내는 탓이다.

이제 막 이순을 넘긴 나에게 이십대, 삼십대의 젊음은 가슴을 벅차게 하는 무궁한 에너지다. 무한대의 가능성을 품은 새파란 나무다. 뭐든지 할 수 있고 무엇이든 다시 시작할 수 있는 도전의 시기다. 넘어졌을 때 발딱 일어나는 것도 젊음이 가지는 탄력이 아닌가.

나이 든 사람은 도저히 가질 수도, 흉내 낼 수도 없는 젊음의 특권을 누려보라. 왜 자신이 갖고 있는 것은 보지 못하고 아직 오지 않은 눈부신 미래만을 허황되게 갈망하는가.

'어어, 이게 아닌데'가 아니라 "아아, 이제부터 진짜 시작이다"라고 힘껏 외쳐보라.

신발 끈을 다시 묶고 달려 나가라. 한숨 대신 함성을 지르며. 바로 그 순간 젊음의 기운이 용솟음치며 무엇이든 헤쳐 나아갈 힘이 발휘되기 시작한다.

나에게 주는 여행 선물

"고마워, 수고했어."
"참 많이 애썼구나. 이제 좀 쉬렴."
때때로 열심히 살아온 자기 자신에게 좋은 선물을 해주어야 한다.
자기 자신뿐 아니라 배우자나 자녀 등에게도 해줄 수 있는 최고의 선물이 바로 여행이다. 여행을 통해서 일상의 짐을 내려놓고, 지친 어깨를 위로하고, 새로운 기운도 얻을 수 있다. 또한 동행한 좋은 사람들과 만나는 것도 특별하다. 열심히 살아왔고, 앞으로 더 열심히 살고자 하는 사람들과의 만남, 그것은 여행 선물의 또다른 의미다.
"열심히 일한 그대, 떠나라."
한동안 유행했던 광고 문구처럼 이따금 환기가 필요하다. 굳게 닫힌 일상의 창을 열고 새로운 공기를 마셔야 한다. 익숙한 일상에서 조금이라도 거리를 두면 기분전환도 빨라지고 마음도 맑아진다. 발상도 전환돼서 어제까지 큰 문제였던 것이 문제가 아닌 것으로 바뀐다. 마음을 바꾸고 기분을 전환하는 데 여행만큼 좋은 것이 없다.

"여행은 생각의 산파다. 우리 눈앞에 보이는 것과 우리 머릿속에서 떠오르는 생각 사이에는 기묘하다고 말할 수 있는 상관관계가 있다. 때때로 큰 생각은 큰 광경을 요구하고, 새로운 생각은 새로운 장소를 요구한다. 다른 경우라면 멈칫거리기 일쑤인 내적인 사유도 흘러가는 풍경의 도움을 얻으면 술술 진행되어 나간다."

알랭 드 보통의 『여행의 기술』에 나오는 이야기이다. 새로운 출발, 새로운 영감이 절실한 사람일수록 떠나야 한다.

애플의 창업자 스티브 잡스에게도 여행은 새로운 출발의 의미가 컸던 것 같다. 그는 정신적으로 혼란스러웠던 대학 1학년 때 학교를 중퇴하고 게임 제작 회사에 취직을 했지만 그 역시 얼마 되지 않아 그만두었다. 그는 인도로 갔다. 그곳에서 1년여를 방랑하며 얻은 경험들은 그의 인생에 큰 영향을 끼치게 된다.

다시 미국으로 돌아온 잡스는 1977년 야심차게 애플을 만들어 세계의 주목을 받았다. 간결하면서도 절제된 생활은 젊은 시절의 이러한 경험에서 영향을 받은 것이며, 이는 세계인을 감동시킨 애플의 디자인 철학에도 어느 정도 기여했으리란 평가를 받고 있다.

그 뒤 1985년 애플에서 쫓겨났을 때, 이번에는 돌연 이탈리아로 떠났다. 돌아온 뒤 이번에는 최초의 컴퓨터그래픽 애니메이션 〈토이 스토리〉를 만들었고, 보란 듯이 애플로 화려하게 복귀했다. 그의 화려한 복귀 뒤에는 이처럼 여행이라는 충전 코드가 늘 있었다.

열심히 사는 사람일수록 정신적인 충전이 필요하다. 일상을 벗어나 한 걸음 더 멀리 더 깊게, 세상을 바라보면 많은 것들을 깨닫게 된다. 늘 머물던 곳에서는 보이지 않던 것들이 보인다. 떠나보면 모든 것이 새롭게 보이고 가슴으로 받아들여진다.

'물질의 풍요보다도 마음의 풍요로움이 사람을 진정으로 더 잘 살게 해주는 길이다.'

나도 더 낮추어야 할 때, 좀더 내려놓아야 할 때, 지친 몸과 마음에 쉼이 필요할 때 여행을 떠난다. 낮은 자리에서 더 높은 것을 바라보고, 더 많은 배움과 영감과 힘을 얻고 돌아온다. 그것이 여행이라는 스승이 주는 신비로운 힘이다.

그래서 변화가 필요할 때, 의식의 저편에서 들려오는 소리가 있다.

'이제 일어나.'

'다시 시작해.'

'어서 길을 떠나.'

그 소리에 거역하지 못하고 나는 오늘도 설레는 마음으로 여행을 떠나게 된다.

⟨Dover in August⟩를 들으며

일본의 음악가이자 전(前)주한 카타르 대사의 부인인 나오미 마키 여사의 연주를 들을 기회가 있었다. 그분은 피아니스트이자 성악가이고, 또 시인이자 화가이다. 이처럼 다재다능한 데는 화가이자 성악가인 아버지, 피아니스트이고 작곡가인 어머니의 영향이 컸다고 한다.

그분의 연주곡 중에 특별히 인상 깊은 작품이 있었다. 바로 8월의 도버, ⟨Dover in August⟩였다.

나오미 마키 여사는 이 곡을 들려주기 전 작품의 배경을 설명해 주었다. 그녀는 영국 런던에서 보낸 7년간의 생활을 정리한 뒤, 배를 타고 도버 해협을 건넜다. 배가 프랑스령에 이르렀을 때 쪽빛 물결과 하얀 절벽, 그 위를 나는 갈매기들을 본 순간 눈을 뗄 수가 없었다고 한다. 시간이 멎은 듯 강렬한 느낌과 함께 영감이 떠올랐다. 그 순간 〈Dover in August〉의 아름다운 선율이 탄생했다는 것이다.

"눈을 감고 바다의 풍경을 떠올리며 들어보세요."

나오미 마키 여사가 시를 읊조리듯 다감한 목소리로 말했다.

모두 눈을 감고 귀기울이는 사이 8월의 도버, 그 푸른 물결이 작은 음악회에 흐르기 시작했다. 눈부신 하늘을 나는 갈매기떼…… 감동이 파도처럼 밀려왔다. 순간 그 자리에 있던 사람들은 도버 해협에서 넘실대는 바다를 보며 함께 배를 타고 가는 여행자들이 되었다.

도버 해협엔 늘 갈매기가 날았고, 쪽빛 물결이 넘실거렸고, 하얀 절벽이 눈부시게 펼쳐져 있었다. 그리고 그 해협을 건넌 사람도 수없이 많았을 것이다. 하지만 대부분의 사람들은 그 풍광을 보지 못하고 지나갔을 뿐이다. 아니 보았더라도 그것을 가슴에 담아내지는 못했다.

그렇지만 한 여인은 그것을 보았고, 단지 보는 것에 그치지 않고 그 속에서 아름다운 선율을 창조해 냈다. 그녀에게는 '잠깐 멈추는 시간'이 있었던 것이다. 시선이 멈추고, 동작이 멈추고, 숨이 멈춘 바로 그 순간 영감이 찾아온 것이다. 그리고 재능과 반복된 훈련이 바탕이 되어, 그 순간은 아름다운 곡이 태어나는 창조적 시간이 되었다.

〈아침편지〉를 읽는 순간도 '잠깐 멈추는 시간'이다. 매일 24시간 중 30초, 길면 60초. 아무리 바쁘더라도 잠깐 멈춰 서서 〈아침편지〉라고 하는 맑은 물방울을 한 모금 마시는 순간이 때로는 아름다운 창조의 시간이 될 수 있다. 습관처럼 슬쩍 넘기지 않고, 마음의 닻을 내린

단 1초가

사람의 생사를 가를 수 있습니다.

단 1초의 여유가 모든 것을 바꿀 수 있습니다.

단 1초의 멈춤이 우주의 시간까지도

멈추게 할 수 있습니다.

채 바라보면, 내 안에 숨어 있던 꿈, 사랑, 행복이 스며 나온다.

도버 해협을 건너던 한 여인에게 쪽빛 물결, 갈매기의 비상, 하얀 절벽이 음악이 되고 시가 되고 눈물이 되었듯이 우리에게 잠깐 멈추는 순간들은 매일 아름다운 음악을 느끼고 연주하는 것이 된다.

다만 곡을 쓰고 연주하는 재능이 없어서 〈Dover in August〉와 같은 곡을 창조하지는 못하지만, 영혼의 악보 속에는 그대로 저장이 된다. 그래서 그 사람의 삶이 음악으로 가득 차고 아름다워지는 것이다.

심리 시간

"공원의 벤치에 아름다운 여성과 보내는 한 시간은 1분처럼 느껴지고, 뜨거운 난로 위에 앉아 있는 1분은 한 시간처럼 느껴진다."

상대성이론을 어떻게 설명하면 좋겠냐는 질문에 아인슈타인이 대답으로 던진 절묘한 비유다.

이처럼 시간은 상대적이다. 어디서나 누구에게나 똑같은 형태로 흐르지 않는다. 물론 물리적으로는 1초씩 똑같은 시간으로 가지만, 어떤 시간은 매우 길게 느껴지고 어떤 시간은 매우 짧게 느껴진다. 이것을 '심리 시간'이라 부른다. 시간이 사람의 마음, 감정, 느낌에 따라 크게 지배를 받는 것이다.

나는 냉온욕을 즐겨 한다. 냉온욕은 목욕을 할 때 냉탕과 온탕을 1분씩 번갈아 들어갔다 나오는 것을 말한다. 혈액 순환과 피부 건강에 좋아서 다이어트나 단식 프로그램을 진행할 때 꼭 냉온욕 시간을 갖는다.

겨울에 냉온욕을 할 때는, 찬물에 가서 1분 있으려면 마치 10분 넘게 있는 것처럼 길게 느껴지고 뜨거운 물에 1분 있을 때는 순식간이라는 느낌을 받게 된다.

거꾸로 여름에는 시원한 찬물에 들어갔을 때의 1분이 무척이나 짧게 느껴지고, 뜨거운 물에 들어간 1분은 답답하고 길게 느껴진다. 겨울이나 여름이나 물리적 시간은 똑같은데 말이다.

영화를 보는 시간도 마찬가지다. 재미있는 영화는 왠지 너무 빨리 끝나는 거 같고 재미없는 영화는 한없이 길게만 느껴진다. 한참 졸고 났는데도 '아직 안 끝났나' 싶을 정도가 된다.

심리 시간은 사람관계에도 똑같이 적용된다. 자기가 좋아하고 마음이 끌리는 사람과 함께 있으면 시간 가는 줄 모른다. 한창 사랑에 빠진 연인의 데이트 시간은 금세 녹아버리는 아이스크림 같고, 정겨운 친구들과의 수다 시간은 날아가는 화살처럼 빨리도 지나간다.

그러나 불편하고 마음이 끌리지 않는 사람과 함께 있어야 하는 시간은 너무도 길고 고통스럽기까지 하다. 직장에서 매일 얼굴을 마주치는 동료에게 불편한 감정이 있다면, 직장에서 보내는 시간은 더디게만 흘러서 '왜 이렇게 시간이 안 가는가' 싶어 자꾸 시계를 들여다보게 본다.

시간을 잊는다는 것은 그 시간 동안 무언가에 푹 빠져서 나를 잊는 것이기도 하다. 그래서 이런저런 고민도 사라지고 편안하고 즐거운 상태가 된다.

　내게도 시간을 잊게 하는 심리 시간이 있다. 비가 오는 날 지붕에 떨어지는 비를 쳐다볼 때다. 너무 좋아서인지 다른 날보다 시간이 금세 흐르는 기분이 든다. 그런 날이면 한나절만이 아니라 하루 이틀도 앉아 하염없이 바라볼 수 있을 것 같다. 한겨울에 함박눈이 지붕에 쌓이는 것을 바라볼 때도 마찬가지다. 마음이 고요해지면서 평화가 찾아온다. 나에게는 가장 행복한 시간이기도 하다.

　그 행복한 시간을 위해 〈깊은산속 옹달샘〉에 집필실을 지을 때 창을 내다보면 지붕이 보이게 설계했다. 비가 내리고 눈이 쌓이는 지붕의 풍광을 보기 위해서다. 그 시간을 누릴 때면, 살아 있음이 감사하고, 보고 듣고 느낄 수 있음이 감사하다.

　누구에게나 자신만의 심리 시간이 있을 것이다. 몇 시간을 그대로 앉아 있어도 시간 가는 줄 모르고 저절로 행복해지는 그런 시간 말이다. 매일 무언가에 푹 빠질 수 있는 시간을 늘려가는 것은 행복한 인생을 만드는, 그리 어렵지 않은 방법이다.

꿈을 키우려면 길을 떠나라

"여행을 하지 않은 사람들에게, 이 세상은 겨우 한쪽만 읽은 책과 같다."

성 아우구스티누스의 이 멋진 말은 여행의 가치와 우리가 여행을 해야 하는 이유를 함축해 놓은 듯하다.

앞일이 미지의 영역이듯, 여행지에서도 무엇이 기다리고 있을지는 전혀 알 수가 없다. 가보지 않고는, 모퉁이를 돌아보지 않고서는 상상조차 할 수가 없다. 그리고 그곳에서 무엇을 배울지, 어떤 정신적 자산을 얻게 될지 가보지 않고는 헤아릴 수 없다.

여행지에서 우리는 우리와 전혀 다른 지형, 역사, 문화, 삶, 사람을 만나게 된다. 그러나 삶이라는 본질에서 볼 때는 모두 같기도 하다.

모든 곳에 삶의 희로애락이 있고 전쟁과 기아와 슬픔과 질병이 있다. 그것을 극복하고 새로운 역사를 만들고 좌절하고 발전해 가는 과정도 어디에나 있다.

그런데 많은 곳을 여행다니면서 각 지역마다 고난의 과정을 받아들이는 감수성이 서로 다르다는 점을 발견했다. 어떤 곳은 노래와 글에 한이 맺히고 처절하다. 그런데 어떤 곳은 상상할 수 없는 고통을 겪고도 그 한을 밖으로 터뜨리지 않고 안으로 깊어져서 영혼의 울림을 주는 영가를 빚어내기도 한다.

'어느 한순간 내질러서 그것이 노래가 된 것이 아니고, 그걸 삭이고 잘 정돈해서 천 번 만 번 연습해야 비로소 남 앞에 설 수 있는 것이 바로 고전(클래식)이 되는구나.'

다른 나라 여행에서 얻게 되는 큰 깨달음이다.

그런 역사와 문화를 보면서 우리가 서 있는 곳, 내가 서 있는 곳을 생각하게 된다. 그리고 우리의 의식, 문화의 수준에 대해서도 다시 생각해 보게 된다.

여행은 자연을 통해서도 큰 깨달음을 안겨준다. 몽골이라든가 바이칼 같은 곳에서 만나는 것은 무엇일까. 클래식 같은 고전일까? 최첨단의 고급 문화일까? 아니다. 바로 자연이다. 자연은 그 자체가 예술이다. 유럽의 몇백 년 몇천 년 된 문화유적을 본다 해도 몽골 초원에 서 있는 나무 한 그루의 예술성을 어떻게 따라가겠는가. 광대한 초원과 호수의 보석 같은 빛깔이 주는 영감과 어떻게 비교할 수 있겠는가.

원초적인 아름다움을 간직한 자연에서는 사진을 아무 때나 어느 각도로 찍어도 다 예술이 된다. 말하자면 수조 개가 있는 별 중에서 딱 하나 가져온 것을 우리가 예술이라고 친다면, 바이칼에는 하늘의 무수한 별처럼 많은 예술이 온 천지에 펼쳐져 있다. 그 광대한 자연에 압도될 수밖에 없다.

내 안에 가득 차 있던 걱정과 근심이란 게 누추할 수밖에 없어서 한순간에 눈 녹듯이 사라지고 가벼워진다. 바로 내려놓게 된다. 자연을 보는 것만으로도 답이 오는 것이다.

몽골의 초원에서 말을 타면 말등 위에서 보는 세상이 사뭇 다르다. 불과 50센티미터 위에서 보는 것인데도 그렇다. 지금까지 내가 똑같은 습관과 똑같은 방식으로 걸어가면서 보는 세상과는 정말 다르다. 꽃도 옆에서 보는 것과 위에서 보는 것은 전혀 다르다.

시야가 달라지면, 나 자신의 문제를 다른 각도에서도 바라보게 된다. 그러면 죽을 것처럼 괴로웠던 문제가 아무것도 아니었다는 사실을 알게 된다.

꿈을 꾸는 사람, 영혼의 북극성을 가진 사람은 여행을 많이 해야 한다. 그렇지 않으면 꿈의 크기가 자라지 않는다. 놀라운 것은 지금 꾸는 꿈을 누군가가 이미 이루었을 수도 있다는 사실이다. 그렇기 때문에 부지런히 세상을 둘러봐야 한다. 자신의 꿈을 위해 열심히 고생했는데, 다른 곳에 가보니 6백 년 전에 이미 이루어놓았을 수도 있다. 그럼 허송세월을 하는 것이 된다.

또한 여행을 통해 자신의 꿈에서 미진했던 부분에 영감을 얻을 수도 있다. 스타벅스의 회장 하워드 슐츠는 이탈리아 여행 중에 에스프레소 바에 영감을 받았고, 그러한 커피 문화를 스타벅스에 접목해 성공했다.

꿈을 가진 사람, 사람 앞에 서고자 하는 사람들은 여행을 통해, 자신의 꿈을 새로운 시선으로 점검해 보면서 시야를 넓혀야 한다.

리더에서 힐러가 되는 길

"어떤 분야건 깊이 있는 지식을 가지게 되면 최선을 다해 남을 섬길 수 있고, 더 나은 세상을 만드는 꿈을 가지게 된다."

세계 최고의 외과 의사 벤 카슨이 『싱크빅』에서 한 말이다.

여기서 깊이 있는 지식이란 '심화학습'이라고 할 수 있다. 어느 만큼 해야 깊이 들어갔다고 할 수 있을까. 사실 그 깊이는 무한대에 가깝다. 학습의 깊이는 사람에 따라 차이가 무척 다르기 때문에 측정할 수 없을 정도다.

깊이 공부해서 자기 것으로 체화한 사람을 가리켜 우리는 전문가라 부른다. 장인, 명인, 프로라고도 한다. 이들은 단독 플레이가 가능하다. 일의 성격상 다른 사람과 함께 섞여서 일할 필요가 없기 때문이다. 극단적으로 생각했을 때 성격이 아주 고약해도 그림만 잘 그리면 괜찮은 화가가 될 수 있고, 아무리 괴팍해도 글만 잘 쓰면 작가로서 성공할 수 있다. 심화된 지식과 체험, 정신을 가지고 혼자 머물 수 있는 공간이 생기는 것이다.

장인, 명인, 전문가를 넘어선 단계가 바로 힐러(healer)다. 그것은 곧 치유자의 길이다. 그 길을 가려면 단순히 단독 플레이를 하는 전문가, 장인의 길에 머물러서는 안 된다. 배우고 익혀서 결국에는 누군가의 스승, 리더, 지도자가 되어야 하니까…….

힐러의 길로 가려면 보다 더 깊이 있는 자기 성찰과 학습이 필요하다. 그 사람이 존재하는 것만으로 누군가의 가슴에 막혔던 것이 충분히 녹아내리고 풀어지게 하는 경우가 있다. 이런 경지에 이르려면 심화학습이 더 많이 필요하다.

더 깊이 학습하고 성장해 가려면, 자기 것에만 머무는 것이 아니라 사람들과 함께 나아가야 한다. 그 핵심이 이타심이다. 우리는 직장생활에서도 그 이타심을 배우고 익힌다.

목숨 걸 만큼 열심히 일했는데, 인정받기는커녕 위에서 자신을 부족하고 문제 있는 사람으로 본다며 상처 받는 사람들이 있다. 그러나 그런 평가를 받게 된 데는 다 이유가 있다. 혼자 쥐고, 혼자 빛나려는 공명심으로 일했기 때문이다.

자기중심에서 벗어난 이타적인 마음을 '공심'이라고 한다. 부처는 중생들을 위해서 부와 명예와 권력을 모두 버리고 출가했다. 종교를 떠나서 모든 사람에게는 공심이 필요하다. 꿈의 출발은 '자기중심'이지만, 이는 함께 꾸는 꿈으로 발전해야 한다. 이타적인 꿈으로 진화되어야 하는 것이다.

나의 삶, 나의 꿈은 공심에서 출발해야 한다. 공심은 '비우는 마음'과도 통한다. 한 걸음 더 나아가 자기를 비우고 남을 위해 빌어주는 마음이기도 하다.

그런데 공심 사이에 '명' 자가 하나 더 들어가면 '공명심'이 된다. 일을 할 때 공명심을 갖고 하면 앞으로 나아가기가 아주 어려워진다. 특히 젊은 나이에 혼자만 빛나려고 하는 공명심을 가지면 크게 성장하기 어렵다. 좋은 인연을 맺지도 못한다.

그동안 〈아침편지〉에도 많은 인연이 있었지만, '공심'을 가졌느냐, '공명심'을 가졌느냐에 따라 인연이 갈라졌다. 공명심이 있는 사람은 꿈을 향해 크게 나아가야 할 때 주저앉아 버린다. 20대, 30대일수록 욕심을 버리고 공명심이 아닌, 공심을 가지고 일할 수 있어야 큰 인재가 될 수 있다.

그래서 아침지기들에게 늘 강조하는 것이 있다.

"공치사, 공명심을 버려라."

자기의 전문 분야가 있지만, 때로는 다 내려놓고 뒤치다꺼리를 해주는 팔로어십을 발휘하기도 하고, 옆에서 도와주는 파트너십도 발휘할 수 있어야 한다. 결과적으로 개인이 아니라 집체적인 파워를 내는 것이다.

내가 먼저 바르게 서야 합니다.
그래야 다른 사람도 바르게 세울 수 있습니다.
'내가 먼저'이지만 '내가 중심'은 아닙니다.
'다른 사람과 함께 하는 것'이 중심일 때
나의 자존감도 더 깊어지게 되고
내 삶도 더 풍요로워집니다.

직업, 비전과 관련해서 개인적인 완성도 중요하지만, 그것을 쥐고 혼자 가는 게 아니라 옆 사람 뒷사람 살펴가면서 함께 가야 한다. 상대방이 하는 일을 소리 소문 없이 도와 그가 성공하게 하고, 그의 도움을 받아 나도 함께 성공하는 길을 가야 한다. 그것도 능력이고 경쟁력이다.

앞서가는 사람을 붙잡거나 따라잡는 경쟁이 아니라 서로 도와 각자 자기 분야에서 앞서갈 수 있도록 협력하는 것, 그것이 진정 아름다운 21세기형 경쟁이다.

선다 싱의 교훈

인도의 성자, '맨발의 전도자'라고도 불리는 선다 싱이 어느 날 다른 동행자와 네팔 히말라야 산맥을 넘고 있었다. 그러다 추위에 쓰러져 얼어 죽어가는 사람을 발견했다. 선다 싱은 쓰러진 사람을 업고 같이 가자고 했지만 동행자는 고개를 저었다.

"이 사람을 데려가면 우리도 살기 힘들어. 그냥 가자."

선다 싱이 머뭇거리자 동행자는 혀를 차며 가버렸다. 결국 선다 싱은 혼자서 쓰러진 사람을 들쳐 업고 걷기 시작했다. 선다 싱의 땀과 열기에 등에 업힌 사람도 몸이 녹으면서 살아났다.

얼마쯤을 가다가 선다 싱은 죽은 사람을 발견했다. 그 사람은 다름 아닌 혼자 살겠다고 앞서 간 동행자였다. 같이 살려고 한 선다 싱은 그 사람도 살리고 자기도 살았지만, 혼자 살겠다고 떠난 사람은 결국 죽고 말았다.

그후 사람들이 "인생에서 가장 위험할 때가 언제입니까?"라고 질문할 때면 선다 싱은 이렇게 대답했다.

"내가 지고 가야 할 짐이 없을 때가 인생에서 가장 위험할 때입니다."

선다 싱이 성자였기 때문에 한 남자를 들쳐 업은 것이 아니라, 자신도 힘들었지만 그 지친 몸으로 한 사람을 업어 살려냈기에 성자가 된 것이다.

형편이 좋을 때 좋은 일을 하는 것은 쉬운 일이다. 그러나 정말 어려울 때 선한 일, 좋은 일을 하기는 쉽지 않다. 그처럼 쉽지 않은 길을 가는 것이 성자가 가는 길이고, 생명을 살리는 길이다.

삶도, 명상도 궁극의 목표는 '함께 잘 사는' 것이다. 그 첫걸음은 가장 가까운 사람에게, 지금 곁에 있는 사람에게 사랑을 나누는 것이다. 그것이 나 자신을, 다른 사람을 치유하는 최선의 길이다.

한눈에 아는 것

"그처럼 큰일을 전문가와 의논하지도 않고 그 자리에서 결정했습니까?"

〈깊은산속 옹달샘〉 부지를 결정한 뒤 사람들이 놀랍다며 물었다. 그러나 바로 결정하지 못했으면 아마도 놓쳤을지 모른다. 그러면 오늘의 〈깊은산속 옹달샘〉은 태어나지도 못했을 것이다.

마치 준비한 듯이, 미리 생각해 둔 듯이 결정한 것을 두고, 사람들은 내게 "직관이 뛰어나신가 봅니다"라는 말들을 하기도 했다. 그러나 그 직관은 어느 날 갑자기 떠오른 게 아니라 이미 우리나라 구석구석을 수차례 돌아보고 살펴본 덕에 생겨난 것이었다.

만약 〈깊은산속 옹달샘〉 부지를 처음에 봤다면 이런저런 것들을 생각하면서 여기보다 더 좋은 곳이 있지 않을까 망설였을 것이다. 그러나 이미 많은 곳을 둘러보고 일련의 숙고 과정을 겪었기에 충주 부지를 본 순간, '이만한 곳을 다시 만나기 어렵다'는 직관이 생겨 분명하게 결정할 수 있었다.

직관은 경험을 먹고 자란다. 경험이야말로 직관에 더없이 중요한 자료가 된다. 가령 몸에 좋다는 것을 직접 체험해 보면 정말 어떤 것이 좋은지 나쁜지를 경험으로 알게 된다. 이런 경험이 쌓이면, 생각의 과정을 거치지 않고 바로 판단할 수 있다.

〈꽃피는 아침마을〉에서 그런 경험을 많이 했는데, 북한 된장을 한번 먹고는 좋다 싶어 바로 판매해서 큰 호응을 얻었다. 연해주 청국장도 한번에 보고 마음을 결정한 경우다. 어머니 덕분에 어려서부터 유독 된장과 청국장을 많이 먹었고, 오랜 시간 우리나라의 여러 청국장 맛을 보고 다녔기 때문에 판단이 빠를 수 있었다.

이러한 경험과 직관은 사랑에서도 힘을 발휘한다. 배신을 당하거나 실연을 당하면, 그때 당시는 아프지만 그 경험으로 사람을 보는 직관력이 생긴다. 그래서 다음 사람을 만났을 때 과연 이 사람이 진짜배기인지, 오래 갈 사람인지 판단할 수 있게 된다. 그러나 직관이 없으면 미적거리다가 놓치는 경우가 많다.

한편 직관은 경험하지 않은 것, 즉 영감이나 영혼에서 오기도 한다.

"잠을 잘 때, 우리의 직관은 더 활발히 움직인다. 직관은 인간의 창조성과 맥이 닿아 있기 때문에 만일 꿈에서 본 장면이나 사건을 실생활에 활용할 수만 있다면 삶을 더욱 풍요롭게 만들어 갈 수 있을 것이다."

셰퍼드 코미나스의 『치유의 글쓰기』에 나오는 구절이다.

잠을 잘 때도 그렇지만 책을 읽거나 산책, 여행, 명상 중에도 직관은 활발히 작동한다. 잠재된 무의식의 세계에서 의식의 세계로 어느 순간 빛처럼 솟아나오는 것이다. 그것을 지혜라고도 하고 영감, 또는 '신의 소리'라고도 한다. 무의식의 세계, 곧 영혼이 맑고 건강한 사람은 신의 소리를 잘 듣고, 그에 따라 직관의 힘을 발휘할 수 있다.

나는 걷기 명상을 통해 그런 경험을 많이 한다. 걷기 명상을 하고 나면, 아무런 생각 없이, 모든 것을 내려놓고 마치 빛처럼 섬광처럼 수많은 영감이 쏟아져 내려오는 것을 경험한다. 이전에 한번도 체험하지도 생각해 보지도 않았던 것들이 내 머릿속에 번개처럼 내리꽂히는 것이다. 영감 속에서 얻어지는 직관의 힘, 나는 걷기 명상을 하면서 그 힘을 늘 실감한다.

꿈과 비전

"비전을 찾으라."

이 말에서 먼저 무엇이 떠오르는가. 흔히 비전이라는 말을 들으면, 먼 곳을 바라보며 원대한 꿈을 꾸는 것을 생각한다. 그러나 비전은 허황된 꿈을 말하는 것이 아니다. 비전을 이야기할 때 꼭 짚고 넘어가야 할 것이 있는데, 바로 지금 서 있는 자리에서 찾아야 한다는 점이다.

나는 아침지기들에게 〈깊은산속 옹달샘〉 안에서 비전을 찾으라고 말한다. 그럼 이곳에서 비전을 찾는 아침지기의 행동은 과연 어떤 것일까? 내일의 그림을 그리며 꿈만 키우는 것일까. 아니다. 자기 일을 잘 꿰차고, 아주 작은 구멍도 나지 않게 일하고, 다른 사람이 구멍 낸

일 메우고, 일찍 출근하고, 늦게 퇴근하고, 옹달샘에 큰 행사가 있을 때 누가 보든 안 보든 최선을 다해서 이리 뛰고 저리 뛰고 땀을 흘리는 것이 이 안에서 비전을 찾는 것이다.

그렇게 하다 보면 어느 순간 자기 마음속에 품고 메모했던 비전, 꿈너머꿈이 자기도 모르는 사이에 이루어진다. 그 위치에까지 다다르는 경험을 하게 된다. 그 사람을 주변에서 알게 모르게 도와주고 '지도자'로 내세우기 때문이다.

버트런드 러셀은 "행복하다는 사람들을 자세히 살펴보면 공통적으로 지닌 것이 있다. 그중 가장 중요한 것은 그들이 하는 일이다. 일은 그 자체로도 즐거울 뿐 아니라 그것이 쌓여 점차 우리 존재를 완성하는 기쁨의 근원이 된다"라고 말했다.

일이 싫어지면 잘 못하거나 안 하려 든다. 못하고 안 하면 그 일도 잃게 된다. 일이 즐거우면 잘하게 되고, 잘 하면 더 좋은 일, 더 큰 일이 주어진다. 일을 대하는 태도에 그 사람의 미래, 삶이 결정되는 것이다.

먼저 큰 목표부터 내세우고 '사장이 되겠다. 대표가 되겠다'고 하면 바로 주변에서 시기를 한다. '저 사람이 저렇게 열심히 하는 것은 대표가 되려고 하는 거야' 하고 경계한다.

자신은 사심 없이 꿈을 위해서 일하는 것이지만, 주변에서는 욕심이 있기 때문이라고 치부해 버린다. 그러면 리더십이 형성되지 않는다. 어느 조직이든 국가 지도자든 마음속에 호연지기를 갖고 있는 사람일수록 멀리만 볼 게 아니라 자기 앞, 주위도 바라봐야 한다. 리더십이 없는 사람이 어떻게 큰 꿈을 이룰 수 있겠는가.

　현재의 모습에서 가장 작은 것, 아무도 돌보지 않는 것, 늘 반복되는 것들 속에 가장 중요한 것이 있다. 그래서 비전을 찾는 것은 하늘을 쳐다보는 것이 아니고, 바닥을 내려다보는 것이다. 물론 하늘을 보지 말라는 것이 아니다. 하늘을 보되, 가장 작은 현재의 자기 모습을 늘 들여다보고 작은 것을 놓치지 말라는 뜻이다.

　이것이 바로 명상이다. 그러므로 명상은 비전을 찾고 꿈너머꿈을 이루는 연습이다.

　현재의 경험이 비전으로 연결되기 위해서는 반복 훈련이 필요하다. '한번 좋은 경험했어'라는 것은 비전을 이루는 것이 아니다. 새롭게, 복잡하게, 또 다르게 하는 것이 아니라 같은 것을 반복해서 체계화, 정형화해 나가는 것이다. 그것을 우리는 내공이라고도 한다. 그 내공 안에 비전이 숨어 있다.

　리더십은 그 내공이 심화되어 생기는 것이다. 아주 작은 것을, 늘 똑같은 것을 수없이 반복한 것이다. 반복하지 않은 비전, 감각은 그냥 '한 번의 경험'일 뿐이다. 추억이고 기억일 뿐이다.

　　망치를 내려칠 때마다
　　때리는 강도가 다르거든.
　　어떨 때는 더 세게, 어떨 때는 더 약하게.
　　이렇게 할 줄 알게 된 건 여러 해 동안

이 동작을 반복한 다음이야.

그렇게 무수한 반복을 하다 보면,

내가 생각하지 않아도

그냥 내 손이 이끄는 대로

때리는 때가 오지.

파울로 코엘료의 『알레프』에 나오는 말이다. 망치질은 누구나 쉽게 잘 할 수 있을 것 같아도 결코 간단한 일이 아님을 곧 알게 된다. 자기가 꿈꾸는 일이든, 그 어떤 일이든 무수한 반복을 통해 경지에 올라서야 고수가 될 수 있다. 고수가 되면 그 모든 일이 예술이 된다.

비전은 현재의 모습 하나하나를 들여다보고, 되새김질해서 완성해 나가는 것이다. 계속 반복하고, 되새김질하면 비전으로 연결된다. 리더십이 형성되고, 남들이 포스를 느끼게 되고, 그의 눈빛만 봐도, 손만 닿아도 치유가 되고, 해답을 얻게 된다.

'뿌린 대로 거둔다'는 것은 정말 당연하고 평범한 진리인데 이 말을 곧잘 잊고 지낸다. 중요한 것은 씨 뿌리는 계절을 놓치지 않는 것이다. 때를 놓치면 가지고 있는 씨앗이 아무리 많아도 소용이 없다. 때를 놓치지 않고 씨를 뿌리면 거두는 것은 하늘이 돕는다. 그것이 우주의 법칙이다.

꿈은 무지갯빛 비전이 아니다. 나무처럼 자라며, 고통과 시련의 시간을 통해 더 강해지고 단단해진다. 꿈이 자라기 위해서는 이처럼 견디고 이겨내는 시간이 필요하다. 새싹이 땅을 뚫고 나올 때, 때로 모진 비바람을 견뎌야 자라듯, 꿈이 자라는 데는 시련과 위기를 견디는 시간이 필요하다.

꿈을 이루는 데는 두 가지 방법이 있다. 목표를 세워놓고 그것을 향해 달려가는 것, 목표가 자연스럽게 찾아오게 하는 것이다. 핵심은 목표가 자연스럽게 찾아오게 하는 것이다. 그 말은 그저 손쉽게 굴러 들어 온다는 뜻이 결코 아니다. 피눈물 나는 노력과 끈기와 준비를 거친 이후에 우연처럼, 행운처럼 찾아온다는 의미다.

마음으로 섬겨야 한다

2박 3일 자원봉사 훈련 프로그램을 준비하면서, 어느 놀이공원에 2박 3일 아르바이트 훈련 프로그램이 있다는 것을 알게 되었다. 그 내용을 살펴보았는데, 핵심이 "연기를 하라"였다. 그것을 보면서 '이건 아닌데……' 하는 생각을 했다.

진정한 자원봉사는 결코 연기가 되어서는 안 된다. 마네킹처럼 박제된 표정으로 연기를 하는 것이 아니다. 자신의 삶이어야 하고, 체화된 것이어야 한다.

일본 사람들이 흔히 하듯이 억지웃음을 지으며 깍듯하게 잘하는 것이 아니라, 마음속에서 우러난 친절과 봉사여야 한다. 조금 부족하고 매끄럽지 않더라도 자신의 지적 판단과 삶의 경험을 총동원해서 지혜롭게 대처할 때 최고의 자원봉사가 될 수 있다.

특히 청춘은 큰 꿈을 품고 그 꿈을 향해 돛을 펼쳐야 하는 시기다. 이때 다양한 자원봉사를 통해 진정으로 사람을 섬길 줄 아는 서번트십(servantship)을 기른다면, 어디를 가나 무엇을 하든 인정받을 수 있을 것이다.

미국에서 자원봉사를 하러 온 청년이 있었다. 어머니의 권유에 마지못해 왔는지, 처음에는 자기가 하고 싶은 대로 하면서 행동이 무척 튀었다. 그런데 두 달 동안 자원봉사를 하면서 많이 달라졌다. 행동 하나하나가 차분하게 변해갔다. 그리고 함께한 동료들과 서로 마음을 터놓고 조언하는 사이가 되었다. 주위 사람들을 챙기는 파트너십도 몸에 밴 모습이었다. 그 어머니가 아들의 변화를 보고 무척 놀랄 정도였다.

요즘 젊은이들이 자기밖에 모른다고 하지만, 실제로는 자기 자신을 내려놓고 섬기는 경험을 해볼 기회가 없어서일 뿐이다.

사실 봉사는 그렇게 어려운 것이 아니다. 가장 쉬운 봉사는 자신의 자리에서 가장 궂은일을 발견하는 것이다. 설거지 봉사, 화장실 봉사는 누구나 할 수 있고, 기술도 필요 없다. 길 청소, 주차 봉사 등 할 일은 많다.

그리고 식사 때도 누구보다 늦게 먹는다는 마음으로 다른 사람들을 먼저 챙기고, "사랑합니다" "감사합니다"란 말을 가슴으로 할 수 있다면 봉사를 통해 누구보다 많이 배울 수 있다.

자원봉사는 때와 장소를 구분할 필요가 없다. 지금 바로 할 수 있는 것을 시작하면 된다. 가령 사람들이 기뻐하는 모습을 생각하며 열심히 밥을 짓는다면 이타적인 행동이라 할 수 있다. 이 밥을 팔아서 얼마를 벌어야지 하고 생각하면 상업적이 되는 것이다.

'내가 이 일을 해서 누군가 기뻐하는 것을 보리라' 생각하면 그것이 바로 봉사이다. 멀리 갈 필요도 없다. 머무는 곳이 어디든 봉사의 영역이 될 수 있다.

"매일 세상은 우리에게 변화를 만들자고 부른다. 지금 이 순간부터 그러한 삶을 시작해야 한다. 아무리 사소한 첫 걸음이라도 결코 작은 내딛음이 아니다. 한낱 쓰레기라도 줍자. 이웃의 노인들을 찾아뵙자. 학교 아니면 노숙자 임시보호소에 자원봉사자로 나서자. 감동을 주는 일에 헌신하자."

빌 스트릭랜드의 『피츠버그의 빈민가에 핀 꽃』에 나오는 말이다.

'백만장자가 되고 나면 좋은 일 해야지'라고 생각하면 절대 못한다. 바로 지금 만 원이 있다면, 그중의 일부를 측은지심이 생기는 곳에 줄 수 있어야 한다. 그래야 백만장자가 되었을 때도 더 큰 기부를 할 수 있다. 나누는 마음도 연습을 하듯 가벼운 마음으로 작은 일에서 시작해야 점점 자라난다.

자원봉사를 제대로 하려면, 뜻이나 생각만으로는 부족하고, 구체적인 훈련이 필요하다. 훈련이 되지 않으면 어떤 일을 열심히 해놓고도, 오히려 다른 사람에게 두 배의 일을 만들어줄 수가 있다. 자신은 좋은 목표를 갖고 했는데 받는 사람은 불쾌해져서 돌아갈 수도 있다. 훈련받지 않은 친절은 자칫 자기가 생각한 반대의 결과를 가져올 수 있기에, 먼저 연습과 훈련의 기회를 갖는 게 좋다.

자신의 영역에서 자원봉사에 참여하는 젊은이가 많을수록 사회는 건강해진다. 또한 20년, 30년 지나서 그 가운데 세계적인 인물이 나올 것이다. 자원봉사의 경험이 계기가 되어 사회와 관계를 보는 안목도 높아진다. 또한 서번트십과 파트너십까지 훈련받았으니 어디서든 리더로서 환영할 고급 인재가 되지 않겠는가.

꿈의 영토, 마음의 영토

연해주 탐방여행 길에 발해 성터를 돌아보았다. 넓은 땅에 켜켜이 쌓여 있는 우리의 옛 역사를 발견했다. 마음속으로 눈물도 많이 흘렸다. 우리 역사의 현장은 그야말로 폐허와도 같았다. 심지어 '이상설 유허비' 주변에는 쓰레기가 잔뜩 있었다.

이상설은 고종 때 헤이그 특사의 일원이었다. 그러나 그를 기리는 비석 주변은 러시아나 중국 사람들이 술 마시고 노는 장소가 되어버렸다. 우리 여행가족들이 그곳에서 대대적으로 청소를 하고 왔다. 아마 여행자들이 가서 쓰레기를 청소한 것은 처음이었을 것이다. 준비해 갔던 큰 검정 비닐봉투가 30개 이상 가득 채워졌다. 가슴이 아려왔다.

연해주 발해 땅은 우리와 비슷한 산천이었다. 기름진 옥토, 무진

장한 자원들을 바라보면서 가슴이 터질 것 같았다. 우리 안에서만 콩닥콩닥 할 것이 아니라 시선을 넓혀서, 마음의 영토를 넓혀서 더 넓은 세계로 나아가야 하지 않겠는가 하는 생각이 들었다.

예전에는 전쟁으로 영토를 넓혔다. 또는 누군가 와서 국경선을 그어버리는 경우도 있었다. 우리의 38선이 그렇고, 직선으로 그어진 아프리카의 국경이 그렇다. 아프리카에서는 하루아침에 국경이 바뀌고 일가친척이 다른 나라 사람이 되었다. 그러다 보니 지금까지 분쟁이 많을 수밖에 없다.

돈을 받고 넘겨준 영토도 있다. 러시아는 알래스카를 단돈 700만 달러에 팔았다. 지금은 땅을 치고 후회하지 않겠는가. 이제 억만금을 준다 해도 자기 영토를 다른 나라에 파는 국가는 없을 것이다.

탁상에서 국경이 정해지는 경우도 있다. 중국 마지막 왕조였던 만주족이 세운 청나라가 청일전쟁에 패배한 후, 강대국들과 책상에서 '베이징조약'을 맺었다. 그 조약으로 청나라 땅이었던 연해주가 러시아로 넘어갔다.

그후 한반도는 약 17킬로미터밖에 안 되는 두만강 하류를 사이에 두고 러시아와 마주하게 되었다.

안타깝게도 두만강 경계는 우리의 의사와는 상관없이 청나라와 러시아의 협상 테이블에서 결정되었지만, 이는 오히려 생명의 17킬로미터이자, 운명의 17킬로미터가 되었다. 이것이 우리에게는 기가 막힌 기회가 되고 있다. 러시아를 통해 가는 또다른 길목이 될 수 있기 때문이다. 우리로서는 유라시아 대륙으로 뻗어갈 수 있는 생명줄과 같다.

영토는 물리적인 공간에만 존재하는 것이 아니다. 유대인들은 영토를 잃고 2천 년을 헤맸다. 그러나 그들은 새로운 영토를 만들어냈다. 그들이 만들어낸 전무후무한 영토가, 지금도 세계를 움직인다. 바로 '금융'이라는 영토다. 손 하나 대지 않고 엄청난 부를 만드는 시스템, 땅 하나 파지 않고 저절로 부가가치가 쌓이는 금융 시스템의 주인이 된 것이다.

그런데 유대인의 '금융'보다 더 광대하고 더 큰 영향을 미칠 수 있는 것이 있다. 바로 '마음의 영토'다. 마음의 영토를 넓히지 않으면, 어마어마한 지평선을 이루는 땅을 보면서도 '내 땅' '내 집' 수준으로 오므라들게 된다. 금광을 파면서도 눈앞에 흘린 몇 푼에 연연하는 것과 같다.

젊은 사람들이 역사의 현장을 많이 둘러보고 역사의 영토, 꿈의 영토, 마음의 영토를 넓혀갔으면 좋겠다. 그러려면 잊힌 역사의 광야에도 나가봐야 한다. 채찍을 들고 말 등에 올라 푸른 대초원을 질주하는 호연지기도 필요하다. 그렇게 넓어진 가슴이라야 광대한 꿈의 영토, 마음의 영토에서 새로운 미래를 그려갈 수 있다.

단지 사랑하는 것만으로도 세상이 바뀝니다.
한 사람을 상상하며 그리워하는 것만으로도
사랑이 생기고, 사람이, 역사가 바뀝니다.
역사를 바꾸겠다, 세상을 바꾸겠다,
거창한 생각할 필요도 없습니다.
단지 상상하는 것만으로도,
사랑하는 것만으로도 가능합니다.

아름다운 인생

얼마 전 운전 중에 라디오에서 '삼류 의사'에 대해 얘기하는 걸 들었다.

어느 의사가 병을 참 잘 고친다면 그는 일류 의사일까 아닐까. 라디오에서는 그가 곧 삼류 의사라고 말했다. 의사가 병을 고치는 것은 기본이란 것이었다.

'이류 의사'는 무엇일까. 몸의 병도 잘 고치고, 마음의 병까지도 들여다보고 낫게 하는 의사다. 그렇다면 '일류 의사'는?

병도 잘 고치고 마음도 잘 고치면 '명의'가 된다. 그러면 당연히 부와 명예가 따르게 마련이다. 그 부와 명예를 얻었을 때 '자기 혼자 잘 먹고 잘사는' 그런 의사가 아니라(그런 의사는 '이류'에 머문다), 부와 명예를 얻었을 때 뭔가 의미 있는 일을 하는 의사가 '일류 의사'라는 이야기였다. 그렇게 보면 슈바이처 같은 사람은 '초일류 의사'라고 할 수 있겠다.

이 이야기는 의사에만 적용되는 것이 아닐 것이다.

내가 늘 말하는 것 가운데 '꿈너머꿈'이 있다.

"꿈을 이룬 다음에 무엇을 할 것인가. 그 꿈의 방향이 자기 자신에 머물지 않고 이타적인 방향, 다른 사람의 삶, 성공, 행복과 연관된 쪽으로 발걸음을 떼어야 그것이 바로 꿈너머꿈을 가진 사람이다."

일류 인생은 꿈너머꿈을 가진 사람의 삶과도 일맥상통한다.

물론 월급 받는 일도 목숨 걸고 열심히 잘 해야 한다. 그러나 그것이 인생의 전부는 아니다. 내가 받은 월급을 더욱 의미 있게 사용하는 일, 내가 가진 재능과 시간을 멋지게 나누는 일, 그런 실천이 가능할 때 나의 자존감도 높아지고 삶도 행복하게 진화한다.

어제 꾸었던 꿈이 오늘 이 자리의 나를 있게 했다. 오늘 꾸는 꿈이 또 내일의 나를 만들 것이다. 꿈이 크면 그 인생도 커지고, 꿈이 아름다우면 그 인생도 아름다워진다. '위대한 나'는 '위대한 꿈'의 결과물인 것이다.

그렇다면 무엇이 위대한 꿈, 위대한 비전일까? 그것이 이루어지면 나도 좋지만 다른 사람에게 더 좋은 것이다. 한 걸음 더 나아가 나에게는 고통이지만 다른 사람에게는 희망이 되는 것, 또 한 걸음 더 나아가 나를 죽이고 비우고 버릴수록 다른 사람을 더 많이 살려내고 아름다움과 행복으로 채워지는 것. 그것이 바로 위대한 꿈이며 위대한 비전이다. 꿈도 아름다워야 하지만 그 꿈의 끝도 아름다워야 한다. 그러면 그 꿈의 길을 가는 사람의 인생도 아름다워진다.

꿈이 그대를 춤추게 하라

초판 1쇄　2012년 6월 10일
초판 13쇄　2019년 9월 10일

지은이 | 고도원
펴낸이 | 송영석

주간 | 이혜진 · 이진숙
기획편집 | 박신애 · 정다움 · 김단비 · 심슬기
외서기획편집 | 정혜경
디자인 | 박윤정 · 김현철
마케팅 | 이종우 · 김유종 · 한승민
관리 | 송우석 · 황규성 · 전지연 · 채경민

펴낸곳 | (株)해냄출판사
등록번호 | 제10-229호
등록일자 | 1988년 5월 11일(설립일자 | 1983년 6월 24일)

04042 서울시 마포구 잔다리로 30 해냄빌딩 5·6층
대표전화 | 326-1600　**팩스** | 326-1624
홈페이지 | www.hainaim.com

ISBN 978-89-6574-322-4

파본은 본사나 구입하신 서점에서 교환하여 드립니다.